DAPHNÉ JAQUET-CHIFFELLE

Licenciée en droit à l'université de Neuchâtel et de Harvard, Daphné Jaquet-Chiffelle s'est spécialisée dans la prévention de la violence. En plus de nombreuses conférences, elle enseigne à des élèves de tous âges ses techniques d'autoprotection et de prise de confiance en soi – une méthode approuvée notamment par David Douillet. *Apprendre à vos enfants à se protéger* (Favre, 2003) est son premier livre.
Mariée et mère de deux enfants, elle est directrice de FightBack.

POCKET Évolution

Des livres pour vous faciliter la vie !

Edwige Antier
Dolto en héritage II
Fille ou garçon : la naissance de l'identité sexuelle

Allen Carr
La méthode simple pour prendre la vie du bon côté
Une nouvelle méthode inédite d'Allen Carr
pour apprendre à ne plus s'angoisser
en toutes occasions

Dominique Fromm
Dire non, ça s'apprend !
Le chemin d'accès à la liberté intérieure

Daniel Goleman
Surmonter les émotions destructrices
Un dialogue d'un groupe de philosophes et de scientifiques
autour du Dalaï-Lama

Bo Lozoff
La vie vaut la peine d'être vécue
Les principes de toute spiritualité à la portée de tous

Henri Rozenbaum
Guide pratique de gynécologie
Un guide complet qui expose les connaissances
de la médecine actuelle et répond aux questions
des femmes

Apprendre à vos enfants à se protéger

Daphné Jaquet-Chiffelle

Apprendre à vos enfants à se protéger

Guide pratique d'autodéfense

FAVRE

ISBN : 978-2-266-18403-8

Remerciements

À travers ce livre, j'aimerais remercier les nombreuses personnes qui, depuis plus d'une dizaine d'années, m'ont permis d'acquérir et d'enrichir mes connaissances – théoriques et pratiques – dans le domaine de la prévention de la violence. C'est sur la base de cette expérience que j'ai pu entreprendre la rédaction de ce livre.

Mon parcours dans le domaine de la prévention de la violence m'a permis de côtoyer des personnes de grande valeur, en Suisse d'abord, mais aussi dans le reste de l'Europe et en Amérique du Nord. Ces rencontres m'ont beaucoup apporté.

J'aimerais aussi remercier les proches et les amis qui m'ont soutenue, chacun à sa façon, dans l'élaboration de ce livre.

Merci à mon mari, pour son soutien constant, dans les moments d'accomplissement, comme dans ceux de découragement.

Sans les milliers de parents et enfants que j'ai eu la chance de rencontrer dans les stages, conférences et cours que j'ai donnés, ce livre n'aurait pas vu le jour. C'est aussi grâce à eux, à leurs questions, à leurs réponses, à leurs expériences personnelles, à leurs commentaires, à leurs doutes parfois, que j'ai pu confronter mes connaissances théoriques avec la pratique et continuer ainsi à évoluer.

À toutes et à tous un grand merci.

À mon mari,
À mes enfants.

Introduction

Ce livre a pour but de permettre aux parents, aux enseignants et à tout autre adulte important dans la vie d'un enfant ou d'un adolescent de se familiariser avec les concepts de prévention de la violence.

Au travers des présentations, le lecteur acquiert les moyens d'apprendre au jeune des techniques d'autoprotection. Les histoires, les jeux, les jeux de rôles et les exercices proposés aident à rendre l'apprentissage vivant et efficace ; les enfants intègrent tout naturellement les règles de sécurité dans leur vie de tous les jours.

Le but n'est pas de permettre au lecteur d'animer des ateliers d'autoprotection. De telles animations exigent une formation appropriée[1] beaucoup plus poussée. J'aimerais plutôt suggérer aux parents et aux enseignants des mots pour répondre aux questions de leurs enfants ou de leurs élèves. J'aimerais aussi permettre aux parents et

1. L'auteur organise régulièrement des stages de formation d'animateur.

aux enseignants d'avoir un outil pour procéder au suivi après un stage d'autoprotection.

Le principe de base qui sous-tend les techniques d'autoprotection présentées dans ce livre est le suivant :

La sécurité et le bien-être d'un enfant sont plus importants que l'embarras, le dérangement ou l'offense de quiconque.

Nous verrons qu'il est parfois difficile de mettre ce principe en application. En tant que parent ou enseignant, nous devrons réexaminer certains concepts éducatifs pour s'assurer qu'ils sont en accord avec ce principe de base. Par exemple, « ne crie pas » ou « ne frappe pas » ; ces concepts peuvent devenir dangereux dans certaines situations où la sécurité de l'enfant est en jeu.

Nous verrons aussi que l'essence de l'autoprotection est la confiance en soi. Le meilleur outil pour rester en sécurité est de :

Croire en soi-même. Chacun vaut la peine de se défendre.

L'estime de soi est en effet au cœur des stratégies d'autoprotection. Ce livre propose donc non seulement des techniques de défense contre les agressions, mais aussi des moyens de prendre ou de reprendre confiance en soi.

Recommandations à l'intention du lecteur

Les règles de sécurité sont présentées indifféremment du point de vue des parents ou des enseignants. N'hésitez pas à adapter les exercices à votre propre situation.

Voici quelques conseils à l'intention des parents et des enseignants pour faciliter le passage de la lecture à la pratique :

- **Restez centrés**

  Lorsqu'on aborde un sujet comme celui de la violence envers les enfants, il est normal que certaines émotions surgissent. Avant de vous lancer dans des exercices avec vos enfants[1], prenez un

1. Même si j'emploie volontiers le terme « votre enfant » dans ce livre, je l'entends dans le sens large de « votre enfant, votre élève, votre petit-fils, votre petite-fille, etc. ». J'ai opté pour cette simplification afin de ne pas alourdir le style.

moment pour penser aux abus, aux enlèvements et aux agressions.

Quels sont les sentiments qui font surface en vous lorsque vous pensez que l'on pourrait faire du mal à vos enfants, à vous-mêmes comme enfant, à des enfants que vous appréciez ?

Écrivez ces émotions sur une feuille de papier. Peut-être avez-vous écrit : rage, colère, impuissance, vengeance, peur, tristesse, pourquoi ?, prévention, etc.

Ce sont les sentiments que vous éprouvez lorsque vous pensez aux agressions envers les enfants. Vous avez le droit d'avoir ces sentiments. Il faut cependant se rappeler qu'il s'agit de nos sentiments, NOS sentiments d'adulte.

Ces sentiments peuvent nous pousser à agir. Vous prenez par exemple le temps de lire ce livre afin d'offrir plus de sécurité à vos enfants.

Ces émotions deviennent parfois si fortes que l'on a besoin de les partager avec d'autres adultes. Rappelons-nous qu'il s'agit de NOS sentiments d'adultes.

Si nous déversons ces émotions sur nos enfants, nous risquons de leur faire peur, de les bloquer, de les empêcher d'apprendre des techniques d'autoprotection.

La réalité que perçoivent nos enfants est différente de la nôtre. Ne projetons pas nos peurs sur eux, mais aidons-les plutôt à construire leur capacité à faire face au monde qui nous entoure.

Pour illustrer ce point, j'aimerais partager un élément de ma vie de maman :

Je suis en voiture avec mon fils qui a alors deux ans. Nous sommes sur le point d'entrer dans un tunnel. Mon fils, d'une petite voix, m'appelle du siège arrière :

— Maman ?

— Oui ?

— J'aime pas les tunnels.

Face à cette affirmation, je cherche intérieurement les mots justes pour le rassurer : ne t'en fais pas, je suis là, il n'y a rien à craindre, etc. D'où vient sa peur du noir ?

Mais je me reprends et lui dis :

— Hmm ! Tu n'aimes pas les tunnels ?

— Non ! Ils sentent mauvais…

Quelle leçon !

Nos enfants n'ont pas besoin de nos peurs et de nos angoisses, ni de celles que nous imaginons pour eux. Ils ont besoin de notre sagesse et de notre confiance.

Pensez au moment où vous avez appris à votre enfant à traverser la route. Vous lui avez certainement dit : « Tu regardes à gauche, à droite, tu écoutes, tu jettes un coup d'œil, et si la voie est libre, tu peux traverser. » Vous ne lui avez pas décrit les détails sanglants de ce qui se passe en cas d'accident.

Avec les règles de sécurité, vous allez agir de même ; vous allez utiliser un ton de voix calme et un vocabulaire adapté à l'âge de l'enfant.

Vous n'allez pas devancer les questions. Vous allez adapter vos réponses à l'âge et à la maturité de l'enfant ; on dit la vérité, mais pas forcément toute la vérité.

Si, pendant que vous exercez les techniques, vous sentez vos émotions faire surface (votre enfant fait des erreurs, il s'amuse à faire tout faux, etc.), souvenez-vous qu'il est normal qu'un enfant fasse des erreurs ou teste vos limites. C'est le bon moment pour prendre une pause !

- **Cherchez le progrès, pas la perfection**

Un nouvel apprentissage peut exiger du temps et de la pratique. C'est le cas des techniques d'autoprotection.

Chaque enfant a son propre rythme d'apprentissage ; il nous appartient de nous y adapter. Évitez de comparer les enfants ; appréciez plutôt les progrès de votre enfant pendant l'exercice.

C'est en encourageant l'enfant et en le guidant vers la réussite que nous construisons la confiance que le jeune a en sa capacité de se défendre. Reconnaissez les progrès, même les plus petits.

Plutôt que de laisser l'enfant pratiquer une technique de manière incorrecte, aidez-le à faire juste. Vous passerez ainsi du rôle d'intrus au rôle de coach. L'enfant exercera les bons réflexes et vivra ainsi une expérience qui renforcera sa confiance. Il intégrera d'autant mieux les règles de sécurité.

- **Prenez le temps**

Ne devancez pas ce qui est proposé, même si un exercice vous paraît trivial. La simplicité est voulue au début de l'apprentissage, qui est conçu de manière progressive.

Chaque fondation est posée avec soin ; ce n'est qu'ensuite que l'on érige les murs. Les techniques s'affinent au fur et à mesure que l'enfant acquiert les concepts de base. On peut alors lui offrir plus de précisions, plus de réalisme, etc., en veillant toujours à ne pas faire peur.

• **Montrez l'exemple**

Ne mettez pas en pratique l'adage suivant : fais comme je dis, pas comme je fais. Ne transmettez pas seulement les règles de sécurité à vos enfants, vivez-les !

Je vous encourage à examiner vos propres moyens de rester en sécurité. Un parent ou un enseignant qui met lui-même en pratique des principes d'autoprotection motivera ses enfants à faire comme lui.

De même, si votre enfant ne veut pas exercer une technique, faites l'exercice à sa place. Votre enfant intégrera la règle de sécurité presque aussi bien que s'il avait fait l'exercice lui-même. Vous respectez son rythme d'apprentissage tout en lui donnant un modèle à suivre.

• **Mettez en pratique**

C'est grâce à votre investissement que votre enfant va acquérir les règles de sécurité. N'hésitez pas à mettre en pratique – par des jeux, des jeux de rôles, des histoires et des exercices – les principes exposés en fonction des situations qui se présentent dans la vie de tous les jours. Un enfant est souvent plus réceptif lorsqu'on lui transmet une information suite à un événement vécu ou à une question qu'il se pose.

Grâce à une mise en pratique régulière, votre enfant intégrera les techniques d'autoprotection, non seulement dans son esprit, mais aussi dans son corps. Dans la vie de tous les jours comme dans une situation d'agression, il appliquera les règles de sécurité de façon naturelle.

- **Amusez-vous ensemble**

L'apprentissage des règles d'autoprotection peut être un moment privilégié d'écoute, de joie et de partage avec votre enfant. Prenez du plaisir ensemble.

Malgré le sérieux du sujet, apprenez les règles de sécurité avec le sourire !

Chapitre I

Les 20 questions les plus fréquentes des parents et des enseignants

LA VIOLENCE ENVERS LES ENFANTS EXISTE-T-ELLE VRAIMENT CHEZ NOUS ?

• Y a-t-il un problème de violence envers les enfants chez nous ?

On a longtemps pensé être épargné par le phénomène de violence que connaissent les États-Unis. Et même s'il est vrai qu'aujourd'hui encore, les actes de violence avec armes sont plus rares dans nos pays qu'aux États-Unis, les agressions d'autres types sont tout aussi présentes chez nous.

Ces dernières années, diverses études[1] ont mis en évidence la réalité de la violence envers les enfants. Ainsi les données concernant les abus sexuels sont comparables en Europe occidentale et en Amérique du Nord. On estime qu'une fille sur trois et un garçon sur sept sont victimes d'abus sexuels avant l'âge de seize ans, la plupart d'entre eux avant l'âge de douze ans.

Les chiffres nous montrent qu'il ne s'agit pas d'un phénomène isolé. Il en est de même pour les autres types de violence domestique (violence psychologique ou physique), ainsi que pour la violence à l'école.

Face à ce constat de violence et de douleur, on peut être tenté de nier le problème. Ce n'est pourtant pas en se

1. *Une sécurité illusoire*, publié par le Bureau fédéral suisse de l'égalité entre femmes et hommes, Berne, février 1993.

L'enfant victime d'abus sexuels, Dominique Gauthier, PUF, avril 1994.

Protecting the Gift, Gavin de Becker, New York, 1999.

voilant la face que nous lutterons efficacement contre les agressions. Reconnaître l'existence, chez nous comme ailleurs, de la violence envers les jeunes permet de faire les premiers pas pour assurer une plus grande sécurité à nos enfants.

• Les statistiques d'agressions sont-elles représentatives de la réalité ?

Les statistiques de violence envers les enfants sont la plupart du temps basées sur les plaintes reçues par les autorités compétentes. La fréquence des agressions envers les enfants est par conséquent certainement plus élevée que les statistiques ne nous le disent.

Le phénomène est particulièrement marqué pour les abus sexuels. Ces derniers sont souvent perpétrés dans des circonstances qui ne favorisent pas la demande d'aide de la part de l'enfant, et encore moins le dépôt d'une plainte :

- dans la majorité des cas, l'abuseur est une personne évoluant dans l'entourage de la victime ; il crée une relation de confiance avec l'enfant avant de passer à l'acte,
- la victime se sent souvent coupable de ce qu'elle subit et hésite à parler,
- l'abuseur manipule l'enfant afin d'obtenir son silence.

Pour interpréter les statistiques, il faut aussi comprendre les termes employés. Dans la statistique sur les abus sexuels, par exemple, l'exploitation sexuelle ne se limite pas au viol. Ainsi sont compris dans les abus sexuels aussi bien l'exhibitionnisme, le voyeurisme, les attouchements que le viol. Rappelons qu'avec cette définition, en Suisse, une fille sur trois et un garçon sur sept subissent un abus sexuel avant l'âge de seize ans, la plupart d'entre eux avant l'âge de douze ans.

• On parle beaucoup d'agressions dans les médias ; y a-t-il vraiment recrudescence de la violence envers les enfants ?

La violence envers les enfants a de tout temps existé : esclavage au travail, châtiments corporels et droit de vie et de mort du chef de famille sur ses enfants ont, par exemple, fait partie de l'histoire de nos pays. Notre société est parvenue à éliminer plusieurs types de violence envers les jeunes, mais elle en a vu perdurer certains et naître d'autres.

L'information concernant ces différentes formes de violence circule cependant beaucoup mieux grâce aux moyens modernes de communication. Mais parler plus souvent de violence ne signifie pas nécessairement qu'il y a recrudescence des agressions.

Je considère, quant à moi, que déterminer s'il y a recrudescence ou non de la violence envers les enfants n'est pas la bonne question. Les actes de violence évoluent d'un point de vue historique. Est-ce que cela a vraiment un sens de faire la somme de ces violences afin d'évaluer le niveau de sécurité de notre société ?

Dans notre civilisation, la grande différence avec le passé est la prise de conscience du problème de la violence grâce à une meilleure information. On connaît notamment mieux les agressions envers les enfants suite à certaines études.

Cette prise de conscience du phénomène de la violence envers les enfants peut soit créer des peurs, soit pousser à agir. Utilisons ces connaissances à bon escient : évitons de nourrir nos craintes et agissons au niveau de la prévention.

• Ne risque-t-on pas d'aggraver le problème en parlant de la violence ?

Notre époque est celle des médias et de la communication. Je regrette parfois la manière dont le problème de la violence est abordé, mais certainement pas le fait même d'en parler.

La presse à sensation utilise les émotions pour accroître les ventes. Elle dessert ainsi la lutte contre la violence car elle nourrit la peur, voire une crainte paranoïaque. Elle paralyse et renferme plutôt que de pousser à agir.

Il est en revanche utile de parler du problème de la violence de manière constructive, c'est-à-dire de reconnaître le problème et de proposer des solutions. On favorise ainsi l'idée que le fait d'être une victime n'est pas une fatalité.

• Qui agresse les enfants – dans les enlèvements, dans le racket, dans les abus sexuels ?

Il est difficile de reconnaître les agresseurs à des signes distinctifs extérieurs. La plupart du temps, ceux-ci sont « normaux » dans bien des aspects de leur vie ; ils ne répondent pas à l'image stéréotypée de l'agresseur. Ils ne portent pas tous un blouson noir, des lunettes fumées ou un imperméable. Il est difficile de dessiner un profil type de l'agresseur d'enfant.

Nous pouvons cependant aiguiser notre intuition de manière à reconnaître les sensations de malaise que nous procurent certaines personnes, certaines attitudes ou certains lieux.

Sans sauter trop hâtivement aux conclusions, nous pouvons rester vigilants et à l'écoute. Notre intuition est notre meilleure alliée pour détecter les situations de danger potentiel. Malheureusement, nous renonçons trop souvent à lui prêter attention. Réapprivoisons notre intuition, et aidons nos enfants à développer la leur !

• La violence touche-t-elle plus les filles ou les garçons ?

Il est difficile de dire si la violence, dans son acception générale, touche plus les filles ou les garçons. Cela dépend du type d'agression considéré.

Dans les abus sexuels par exemple, les filles sont plus souvent victimes que les garçons.

À l'école, les garçons sont plus souvent victimes d'agressions physiques que les filles. Ces dernières sont cependant tout aussi concernées que les garçons quand il s'agit d'agressions verbales ou psychologiques (injures, intimidations, menaces, etc.).

EST-IL POSITIF ET RÉALISTE D'APPRENDRE AUX ENFANTS À SE PROTÉGER ?

• Apprendre à se défendre n'élimine pas la violence !

Je n'ai pas la prétention d'offrir un remède miracle pour éliminer la violence. Mon but est de présenter, de façon simple et ludique, des moyens d'éviter que votre enfant soit victime d'agressions.

À travers l'apprentissage proposé, l'enfant gagne en confiance dans plusieurs aspects de sa vie. En ne devenant pas victime, il brise à son échelle le cycle de la violence : d'une part, l'agresseur a besoin d'une victime pour exister ; d'autre part, il n'est pas rare que l'agresseur reproduise des violences qu'il a subies dans le passé. On peut donc espérer qu'en apprenant aux enfants à se défendre, on contribue à diminuer la violence.

• Ne risque-t-on pas de faire peur aux enfants ?

Une bonne méthode d'autoprotection ne doit pas faire peur aux enfants. Toutes les techniques présentées dans ce livre ont été élaborées dans cette optique.

Je vous propose aussi d'utiliser dans vos présentations une voix calme et un vocabulaire approprié à l'âge et à la maturité des enfants présents.

De plus, je vous encourage à ne pas devancer les interrogations. Face à une question, il s'agit de répondre la vérité, mais pas nécessairement toute la vérité. Donner trop de détails peut s'avérer contre-productif et créer des peurs. On donne plus d'informations seulement à partir de la préadolescence ; les jeunes ont alors besoin de comprendre les raisons d'être des règles de sécurité pour accepter de les mettre en pratique.

D'après mon expérience, lorsque les techniques d'autoprotection sont bien conçues et sont présentées de manière appropriée, elles ne font pas peur ; au contraire, le fait de donner aux enfants et aux jeunes des moyens de gérer leur sécurité les rassure. Ils ne sont plus à la merci de la malchance ; ils prennent leur sécurité en main.

• Ne peut-on pas compter sur son bon sens et son instinct pour faire de la prévention avec ses enfants ?

Le bon sens et l'instinct sont des alliés précieux dans le cheminement d'un parent. Ils peuvent être particulièrement utiles pour aider à détecter une situation dangereuse pour son enfant et prendre les mesures adéquates.

Les techniques d'autoprotection que je vous propose ne sont pas en opposition avec l'utilisation du bon sens et de l'instinct ; elles sont complémentaires.

Vous trouverez dans ce livre des informations, des propositions de dialogues avec les jeunes ainsi que des exercices qui s'appuient sur une longue expérience dans le domaine de la prévention de la violence envers les enfants.

Vous remarquerez que, parfois, le bon sens ne tient pas compte de tous les paramètres qui permettent à un enfant de rester en sécurité. Il peut également être fondé sur de fausses croyances. Vous découvrirez aussi que l'instinct peut être déformé par certaines règles de conduite en société.

Avec ce livre, vous allez acquérir l'essentiel des données qui vous permettront ensuite de prendre vos décisions en connaissance de cause.

• Les règles de sécurité ne tuent-elles pas la spontanéité ?

Les règles de sécurité ne tuent pas la spontanéité en général. Il est cependant recommandé, dans certaines situations, de restreindre la spontanéité des enfants si leur sécurité est en jeu.

Même si on désire offrir un monde sans violence à nos enfants, où la spontanéité est possible en toute occasion, la réalité des agressions contre les jeunes nous demande d'examiner nos priorités. La spontanéité « à tout prix » se paye, à mon avis, trop chère dans un monde où la violence envers les enfants existe.

Face cette réalité, je vous encourage à ne pas rendre vos espoirs dangereux pour vos enfants : acceptez de nuancer la spontanéité si la sécurité de vos enfants en dépend.

• Aborder le thème de la violence contre les enfants m'est extrêmement pénible. Ce livre ne risque-t-il pas de raviver mon anxiété ?

Malgré la difficulté du sujet, ce livre propose une approche positive et rassurante. On se rend compte que, grâce à des techniques simples, la plupart des agressions peuvent être évitées.

Si vous vous sentez submergé(e) par vos émotions, je vous encourage à en parler avec une personne de confiance. C'est grâce à cette démarche personnelle que vous éviterez de déverser ces émotions directement sur vos enfants.

Les cours d'autoprotection sont, dans ce cas, une bonne alternative pour permettre à vos enfants d'apprendre des techniques d'autoprotection présentées par des professionnels ; ces derniers pourront aborder le sujet de la violence sans le charger émotionnellement. Vous pourrez ensuite procéder au suivi en vous référant à ce livre.

• Un enfant a-t-il assez de force pour se défendre ?

Les techniques présentées dans ce livre ne requièrent aucune force ; il s'agit avant tout de comportements sécuritaires, de techniques verbales et de langage du corps. Le but est de permettre à l'enfant d'éviter la confrontation physique en stoppant la dynamique de l'attaque dans ses prémisses.

Les situations où l'enfant doit utiliser des techniques de frappe sont rares. Je recommande d'acquérir ces dernières dans des stages spécialisés[1]. Dès six ans, un enfant y apprend à se défendre avec efficacité, physiquement si nécessaire ; la méthode utilise les points forts de l'enfant contre les points faibles de l'agresseur.

Par exemple, on n'attend pas de l'enfant qu'il mette son agresseur K.-O. ; cela ne serait pas réaliste. On utilise

1. Voir « Techniques de frappe », p. 194 et « Ressources utiles », p. 199.

l'agilité de l'enfant, sa capacité à se dégager, à se faufiler et à partir en courant. L'enfant frappe de plus les points faibles de l'agresseur, en particulier les endroits qui ne peuvent pas être musclés !

Il existe des techniques de frappe efficaces, adaptées à chaque âge et à chaque morphologie.

• Les enfants deviennent-ils violents en apprenant à se défendre ?

Les techniques de prévention verbales et de langage du corps présentées dans ce livre encouragent l'enfant à trouver des alternatives à la violence.

Quant aux techniques de frappe, je recommande de les acquérir uniquement dans des stages spécialisés. Un encadrement professionnel permet d'éviter les utilisations inappropriées des techniques physiques.

Dans les stages que j'organise, les enfants qui participent font la promesse solennelle d'utiliser les techniques uniquement s'ils sont en danger. Les instructeurs s'assurent de la bonne compréhension et de l'engagement de chacun. Les enfants prennent très à cœur leur promesse. Aucun cas de dérapage ne nous a jamais été rapporté.

• Pourquoi commencer la prévention chez les tout-petits ?

Mon but premier en m'engageant dans la lutte contre la violence envers les enfants est de prévenir plutôt que de guérir.

Il est possible de poser les bases de la prévention chez les tout-petits déjà. On permet ainsi aux plus jeunes d'adopter dès le départ de bonnes habitudes pour rester en sécurité.

Il ne s'agit pas de leur présenter l'intégralité des techniques exposées dans ce livre. Certaines sections simples et ludiques peuvent cependant être adaptées. Par exemple, on peut jouer à une nouvelle version du chat et de la souris (jeu de poursuite). Pourquoi ne pas apprendre à l'enfant poursuivi à se retourner vers le chat et à crier « Non ! » ? L'adulte s'en va alors apeuré et vaincu. On peut aussi ajouter un signe de « stop » avec la main[1].

Vous offrez ainsi à votre enfant un vécu positif ; il prend confiance en sa capacité à dire non et à se défendre. Les bases de la prévention sont posées.

• Mon enfant est timide/trop confiant/ agressif : est-ce pour lui ?

Vous trouverez dans ce livre des propositions qui concernent tous les jeunes. Ce qui différencie les enfants est la manière dont ils apprennent les règles de sécurité.

Un enfant timide prendra plus de temps pour acquérir un bon langage du corps par exemple. Pour l'enfant agressif, on s'attardera plutôt sur la manière de poser des limites sans envenimer la situation. Pour l'enfant « trop confiant », on mettra notamment l'accent sur les comportements à adopter avec des inconnus.

Vous distinguerez très vite les sections qui concernent plus spécialement votre enfant. N'hésitez pas à prendre le temps qu'il faut afin que l'enseignement soit bien intégré.

1. Voir « La position de sécurité », p. 180.

• Mon enfant n'a pas envie d'apprendre à se défendre. Que faire ?

Je vous encourage à ne pas considérer l'apprentissage des règles de sécurité comme un hobby, mais comme un passage obligé.

Lorsque vous apprenez à votre enfant à traverser la route ou à se brosser les dents, vous ne lui donnez pas le choix. Il s'agit d'une question de sécurité ou de santé. Il en est de même avec les règles d'autoprotection.

Les enfants auront d'ailleurs vite du plaisir à mettre en pratique les jeux, les jeux de rôles et les exercices proposés. Les préadolescents et les adolescents comprennent rapidement que lorsqu'ils respectent les règles de sécurité, ils ont droit à plus d'autonomie. Nous sommes en effet plus enclins à leur donner davantage de liberté si nous savons qu'ils ont appris à réagir en cas de problèmes.

• Mon enfant est adolescent. A-t-il encore besoin d'apprendre à se défendre ?

Il faut savoir que le groupe d'âge le plus touché par la violence est celui des 13-19 ans.

Je présente volontiers cette réalité aux adolescents pour qu'ils comprennent l'utilité des techniques d'autoprotection. Voici le genre de dialogue que j'utilise avec les jeunes :

Statistiques

Les adolescents représentent 16-17 % de la population totale. Pourtant 60 % de toutes les agressions sont perpétrées contre des adolescents. Pourquoi les adolescents sont-ils si touchés ?

À l'adolescence, on a beaucoup plus de liberté qu'en tant qu'enfant. Et c'est normal. Mais on n'a pas encore l'expérience des adultes.

Le but est donc non pas de t'enlever ta liberté, mais de te donner des informations pour que tu puisses à l'avenir rester en sécurité.

On voit clairement l'utilité d'apprendre aux adolescents des techniques d'autoprotection. Vous trouverez des adaptations spécifiques à ce groupe d'âge tout au long de ce livre.

• Mon enfant suit régulièrement des cours d'arts martiaux ; a-t-il besoin des techniques décrites dans ce livre ?

Les techniques présentées dans ce livre sont très différentes de celles acquises dans les arts martiaux.

Ce livre propose des moyens d'éviter d'être victime dans la vie de tous les jours. Les techniques sont avant tout liées au verbal et au langage du corps. Elles sont rapidement accessibles à tous.

Au début, les arts martiaux se concentrent par contre principalement sur les techniques physiques. Ces dernières ne sont pas forcément basées sur la réalité des attaques contre les enfants. D'ailleurs, ce n'est pas leur but premier. Cela prend de nombreuses années pour maîtriser un art ; il s'agit d'un investissement à long terme, en tant que sport ou hobby.

Les techniques de frappe, dans les stages d'autodéfense que nous conseillons, sont différentes de celles enseignées dans les arts martiaux[1]. Elles sont épurées de leur élégance de manière à être simples tout en restant efficaces. Elles peuvent être acquises en un week-end et répondent aux caractéristiques des attaques contre les enfants.

Il existe cependant un point commun entre les techniques de prévention que je propose et les arts martiaux : le travail sur l'attitude corporelle. Tous deux renforcent la confiance et développent la maîtrise de son corps. Les deux approches ne sont pas incompatibles ; pour certains elles sont même complémentaires.

• Les enfants se souviennent-ils des règles de sécurité ?

Vous êtes, parents et enseignants, la clé du succès. C'est grâce à votre implication que les enfants garderont les règles de sécurité en mémoire.

N'hésitez pas à rappeler et surtout à exercer les techniques proposées. Les occasions qui se présentent spontanément sont nombreuses ; elles sont idéales pour aborder de manière concrète l'autoprotection. Histoires, jeux, jeux de rôles et exercices proposés dans ce livre vous aideront à rendre l'apprentissage vivant et varié.

L'enfant qui baigne dans un environnement favorisant la mise en pratique des règles de sécurité en fera tout naturellement des règles de vie.

1. Voir aussi « Techniques de frappe », p. 194 et « Ressources utiles », p. 199.

QUELLES SONT LES ORIGINES DE LA MÉTHODE KIDPOWER SUR LAQUELLE CE LIVRE SE FOND ?

La méthode KIDPOWER est lancée en 1989 par une mère de famille qui veut aider ses enfants à se protéger. À l'origine de cette méthode, Irene Van der Zande, bénéficiant d'une grande expérience dans le lancement d'organisations à but non lucratif, et spécialisée dans le développement de programmes d'aide aux personnes dans le besoin.

Un jour qu'elle se promène avec ses enfants, Irene Van der Zande est victime de menaces proférées par un inconnu. Grâce à son esprit d'à-propos, tout le monde s'en sort indemne. Elle est cependant sous le choc : et si elle n'avait pas été là, comment les enfants auraient-ils réagi ? Et si l'homme l'avait frappée pour commencer ?

Elle décide tout d'abord d'apprendre elle-même à se défendre en suivant un stage d'autoprotection pour adultes similaire à ceux qui sont enseignés à Tatout & Fight Back[1]*. Elle y découvre des moyens de prendre soin d'elle-même et de ses proches dans l'éventualité d'une agression. Mais elle est consciente qu'elle ne peut pas être à chaque instant auprès de ses enfants.*

Avec l'aide de plusieurs spécialistes (pédagogues, psychologues, criminologues, parents, enseignants et spécialistes en arts martiaux), elle met sur pied un programme d'autoprotection pour les enfants appelé KidPower.

1. Voir « Ressources utiles », p. 199.

Des associations qui proposent des stages de KidPower existent maintenant dans de nombreux pays. Plus de 100 000 enfants, adolescents et adultes ont bénéficié de cet enseignement à travers le monde.

Il est arrivé plusieurs fois que des parents me demandent si un programme d'origine américaine était adapté à la réalité européenne.

Lorsqu'on observe les statistiques d'agressions envers les enfants, on se rend compte qu'elles sont semblables sur les deux continents.

On imagine parfois les États-Unis comme une grande ville où la violence règne à chaque coin de rue. Il existe en effet des quartiers à haut taux de criminalité dans certaines villes américaines. Ces quartiers ne sont cependant pas représentatifs de l'ensemble des États-Unis. Remarquons que de tels quartiers existent aussi dans certaines villes européennes.

Nous partons du même constat de violence envers les enfants.

La méthode KIDPOWER présente dans son ensemble des techniques universelles d'autoprotection qui peuvent facilement être adaptées à la sensibilité et à la culture européennes.

Cette méthode a servi de base de travail pour l'élaboration de ce livre. Certains passages reprennent les principes, les exercices et la méthode KIDPOWER, dans un état d'esprit européen, d'autres sont tirés de mon expérience personnelle de plus de dix ans dans la prévention de la violence envers les enfants et les adolescents.

Chapitre II

Comment éviter de se faire agresser : Quelques règles universelles

COMMENT L'AGRESSEUR FONCTIONNE-T-IL ?

• Schéma de l'attaque

Pour bien comprendre le pourquoi des règles de sécurité proposées aux enfants, il faut d'abord comprendre ce qui se passe dans la tête d'un agresseur. Il ne s'agit pas d'étudier ici les raisons profondes qui mènent les agresseurs vers le crime ; notre but est de faire ressortir les caractéristiques des moments qui précèdent immédiatement l'attaque.

Cette explication du schéma de l'attaque peut être donnée aux enfants dès 11 ans environ ; comprendre les « dessous » de l'agression permet aux jeunes de mieux saisir l'utilité des stratégies d'autoprotection et ainsi de mieux les mettre en pratique. Voici le contenu de la présentation pour les jeunes :

Le schéma de l'attaque

On a étudié des personnes qui agressent les enfants. On se rend compte que la manière d'attaquer suit un schéma. Quel que soit le genre d'agresseur – connu, inconnu, adulte ou jeune – on voit apparaître les mêmes caractéristiques.

Le schéma de l'attaque se décompose en quatre stades :

1. **la sélection**
2. **le positionnement**
3. **l'attaque proprement dite**
4. **la fuite**

Dans le premier stade de la sélection, l'agresseur choisit une cible, une cible facile.

Les agresseurs choisissent des personnes qui n'ont pas l'air d'avoir confiance en elles et/ou qui ne sont pas attentives à leur environnement.

Par exemple :

- Quelqu'un qui a l'air timide, recroquevillé, fermé, qui regarde en bas, qui a un regard fuyant. *L'adulte mime.*
- Quelqu'un qui donne l'impression d'être trop sûr de lui, prêt à la bagarre, avec un regard inquisiteur. *L'adulte gonfle la poitrine à bloc, met les épaules en arrière, regarde intensément et frappe avec le poing dans son autre main.*
- Quelqu'un qui est dans la lune, dans ses pensées, et qui n'est donc pas attentif à son environnement. *L'adulte regarde en l'air, dans les nuages, l'air absent*. Pour ceux qui utilisent un walkman, c'est comme si vous portiez un panneau « Choisissez-moi » sur le front.

Dans le deuxième stade, l'agresseur se positionne de manière à créer un avantage sur sa cible.

Les deux éléments centraux pour arriver à créer un avantage sont :

- s'approcher de sa cible
- isoler sa cible, de manière à pouvoir attaquer sans être ni dérangé ni découvert.

L'agresseur isole sa cible, si possible avec la coopération de cette dernière ; c'est un manipulateur, extérieurement charmant. Il utilise rarement la force : la victime pourrait résister, crier… Or l'entreprise risque d'échouer si les cris du jeune attirent l'attention ! L'agresseur veut agir sans être découvert... pour pouvoir recommencer !

Son but est de créer de l'intimité et de contrôler physiquement et psychologiquement sa victime.

La présentation pour les jeunes se poursuit ainsi :

Le schéma de l'attaque (suite)

Le troisième stade est l'attaque proprement dite.

L'agresseur peut vouloir atteindre différents buts :

- voler un objet, par exemple de l'argent, une montre, un bijou,
- agresser verbalement, par intimidations, insultes ou menaces,
- faire du mal, par exemple frapper, agresser sexuellement.

Le quatrième stade est la fuite. L'agresseur fuit pour pouvoir recommencer.

• Stratégie d'autoprotection

Voici la suite de la présentation destinée aux jeunes :

Les trois niveaux de la stratégie d'autoprotection

Face à cette réalité du schéma de l'attaque, nous allons contrer la dynamique de l'agression à trois différents niveaux :

- avoir confiance en soi et être attentif à son entourage,
- prendre le contrôle de la situation,
- aller chercher de l'aide.

Les techniques d'autoprotection sont basées sur cette stratégie de manière à briser le schéma de l'attaque le plus tôt possible.

L'enfant va éviter de se faire choisir comme cible. Si malgré tout il est sélectionné, il ne va pas laisser l'agresseur se positionner, mais va prendre lui-même le contrôle de la situation. Ainsi, être choisi comme cible ne signifie pas que l'on va nécessairement devenir une victime. Très souvent, le schéma de l'attaque s'arrête ici. Si l'attaque proprement dite se déclenche tout de même, l'enfant va riposter avec des techniques physiques. Si l'on veut faire face à cette éventualité, je recommande les techniques enseignées dans des stages d'autoprotection qui s'inscrivent dans le prolongement des techniques contenues dans ce livre et sont enseignées dans le même état d'esprit[1]. L'enfant va également savoir où et comment aller chercher de l'aide.

On peut raconter deux histoires aux jeunes pour leur faire ressentir l'importance de la stratégie d'autoprotection dans la pratique. À nouveau il s'agit d'histoires pour les enfants de 11 ans et plus. Les plus petits ne tirent pas de bénéfice de ces compléments d'information ; nous devancerions leurs questions et risquerions de ne pas répondre à leurs besoins. Dans ce domaine, devancer les besoins peut signifier créer des peurs.

Voici une histoire vraie à l'intention des jeunes :

Histoire : Jeune fille au supermarché

Une jeune fille, d'environ 13 ans, se promène dans un supermarché. Elle fait des achats pour un pique-nique. En descendant le long d'une allée, elle remarque un homme qui la suit.

1. Voir « Ressources utiles », p. 199.

On voit ici qu'elle est consciente de ce qui se passe autour d'elle.

Elle étudie rapidement les options qui se présentent. *Demander au jeune ses idées :*

- elle pourrait vite payer, traverser le grand parking et aller à l'arrêt de bus pour rentrer à la maison… mais lorsqu'elle est arrivée, le parking était relativement vide. Sera-t-elle seule à l'arrêt ? Et quel est l'horaire du bus ?
- elle pourrait aussi aller vers une caissière et lui soumettre son problème. Peut-être fait-elle une histoire de rien du tout… N'aura-t-elle pas l'air bête ?

Tout en restant consciente de son entourage, elle décide d'aller vers une caissière.

Elle prend ainsi elle-même le contrôle de la situation, plutôt que de laisser l'individu se positionner et créer un avantage sur elle. Il vaut mieux prendre le risque d'être embarrassée que de prendre le risque d'être agressée.

Elle s'approche d'une caissière qui a l'air sympathique et lui raconte son problème. La caissière appelle la sécurité, qui prend les choses en main… mais en vain, l'homme a disparu.

La jeune fille demande à appeler ses parents pour qu'ils viennent la chercher.

On voit ici que, afin de suivre son intuition, cette jeune fille est capable de demander de l'aide.

La jeune fille et son père passent devant l'arrêt de bus où la jeune fille aurait pu se rendre. Ils voient que seule une personne se trouve à l'arrêt de bus : l'homme qui avait suivi la jeune fille. Que se serait-il passé si elle avait pris l'autre option ? Nul ne le sait. Mais on peut par contre affirmer que l'option que la jeune fille a choisie lui a permis de rester en sécurité.

Voici la deuxième histoire :

Histoire :

Garçon en course d'école

Une classe est ce jour-là en course d'école. Alors que les jeunes marchent à la lisière d'une forêt, un garçon remarque que son lacet est détaché. Cela lui prend quelques minutes pour défaire un nœud avant de pouvoir rattacher son lacet ; sa classe est déjà bien plus loin. Il remarque alors un groupe de jeunes adultes qui s'approchent de lui, en sortant du bois. Ce groupe lui donne un mauvais pressentiment.

On voit ici que ce jeune est conscient de son entourage et est attentif à son intuition.

Quels sont ses choix ? *Prendre les idées du jeune, et examiner leur faisabilité.*

Il a une excellente idée, qui lui permet de prendre le contrôle de la situation *et* de demander de l'aide. Il se met à courir en direction de sa classe tout en criant « Aidez-moi ». Sa classe se retourne, et, devant toute cette attention, le groupe du sous-bois disparaît entre les arbres !

Ces histoires nous montrent non seulement l'importance des trois niveaux de la stratégie d'autoprotection, mais aussi celle de faire confiance à son intuition. De plus, elles nous rappellent le principe de base de l'autoprotection :

Ma sécurité et mon bien-être sont plus importants que l'embarras de quiconque, même le mien.

NE PAS SE FAIRE CHOISIR COMME CIBLE

• L'attitude corporelle

La première manière d'éviter une agression est de ne pas se faire choisir comme cible.

Le but est de renforcer le premier niveau de la stratégie d'autoprotection, c'est-à-dire de montrer que l'on a confiance en soi et que l'on est attentif à son entourage. Voici la présentation à l'intention des enfants et des jeunes :

Une bonne attitude corporelle

On va se faire tout petit, se recroqueviller, mettre notre tête entre nos genoux, fermer nos corps. *L'adulte donne l'exemple avec son corps, tout en parlant.*

Quand tu es dans cette position, comment te sens-tu ? *L'adulte prend simplement les réponses ; il n'y a pas de réponses justes ou fausses, simplement des perceptions différentes.*

Que vois-tu ?

Maintenant, on va ouvrir notre corps. On prend une grande respiration, on se redresse. *L'adulte mime en expliquant, pour donner l'exemple.* On regarde autour de soi en tournant la tête.

Que vois-tu maintenant ?

Est-ce que tu sens comme tu es beaucoup plus prêt à réagir si tu as un problème ? OUI.

Lorsqu'on est à la maison, qu'on est sur le canapé, dans son lit, qu'on se sent bien, on peut tout à fait se faire petit, se recroqueviller. Mais quand on est à l'extérieur, ou qu'on se sent mal à l'aise, on va se redresser, et regarder autour de soi. *L'adulte mime en parlant.*

C'est une réaction normale, lorsque quelque chose ne va pas, que notre corps se crispe, se ferme, et qu'on se recroqueville un peu. *L'adulte mime en parlant.* Mais si on sent que notre corps se ferme, on va le plus vite possible se corriger : on va prendre une grande respiration, se redresser et regarder autour de soi. On montrera ainsi que l'on a confiance en soi et qu'on ne peut pas facilement nous embêter. Notre position nous permettra de voir tout ce qui se passe autour de nous.

Le but de cet exercice n'est pas de créer immédiatement une nouvelle manière d'être chez un enfant, comme par miracle. Il s'agit de permettre à l'enfant de se corriger de manière à avoir un bon langage du corps de plus en plus rapidement et fréquemment. Cet exercice est valable tant pour les enfants et les adolescents, que pour les adultes.

En tant qu'adultes, essayez d'être attentifs à votre propre attitude corporelle. Nos enfants prennent exemple sur nous ; ils intègrent non seulement nos paroles mais également notre manière d'être. Lorsqu'on se préoccupe de la sécurité de nos enfants, il est utile d'examiner notre manière de rester en sécurité. Mettons-nous en pratique un bon langage du corps, une attitude qui montre que nous avons confiance en nous ? Sommes-nous prêts à nous affirmer pour notre bien-être et notre sécurité ?

Savons-nous comment réagir en cas de danger ? en cas d'agression ?

• La démarche et le regard

Après avoir parlé de la bonne position corporelle à l'arrêt, nous pouvons aborder la question du corps en mouvement.

Marcher avec confiance et en regardant autour de soi

Il y a une manière de marcher qui fait qu'on a beaucoup moins de risques de se faire embêter. Je vais marcher devant toi et tu vas me dire si j'ai l'air d'avoir confiance en moi et d'être attentif à mon entourage ou si, au contraire, j'ai l'air d'une cible facile.

L'adulte marche en prenant une attitude corporelle fermée : mains dans les poches, tête baissée, petits pas, corps crispé… la parodie de la parfaite victime.

C'est vrai, j'ai l'air d'être une cible parfaite. Aide-moi à corriger ma position pour que je montre que j'ai confiance en moi et que je suis attentif à mon entourage. *L'adulte corrige sa démarche en suivant les idées de l'enfant : lever la tête, sortir les mains des poches, faire de plus grands pas, détendre les épaules, balancer les bras, respirer, regarder autour de soi. Il le guide dans la correction jusqu'à ce qu'il marche avec confiance et en regardant autour de lui.*

Ah merci, je me sens beaucoup mieux ! *L'adulte montre la bonne démarche quelques instants.*

On recherche ici une démarche à la fois calme et décidée. De plus, le regard balaie lentement les alentours, presque nonchalamment.

Quelques questions et remarques pour permettre d'affiner l'apprentissage :

♦ L'enfant ne montre-t-il pas de l'inquiétude ou de la peur en regardant autour de lui ?

Il faut différencier deux manières de regarder autour de soi :

1. balayer lentement son environnement du regard ;
2. regarder furtivement d'un côté et de l'autre.

La seconde attitude peut en effet être interprétée comme de la nervosité ou de l'inquiétude. Lorsque les enfants apprennent à regarder autour d'eux, ils ont souvent tendance à tourner la tête trop rapidement. Nous ne voulons pas encourager cette attitude chez l'enfant (ni chez l'adulte d'ailleurs !). Si vous constatez cette tendance chez votre enfant, guidez-le à ralentir ses mouvements de tête.

Parfois, les préadolescents et adolescents nous posent la même question : « Ne montre-t-on pas de l'inquiétude ou de la peur en regardant autour de soi ? » Si votre enfant est dans ce cas, n'hésitez pas à mimer les deux attitudes pour qu'il comprenne bien la différence. Le regard adéquat est relativement lent ; la tête tourne calmement d'un côté et de l'autre. Le message corporel donné est : « Je suis conscient de ce qui se passe autour de moi ; je t'ai vu. » Souvenez-vous que l'agresseur choisit une personne qui n'a pas l'air d'avoir confiance en elle et/ou qui n'est pas attentive à son entourage ; une personne attentive est difficile à surprendre.

♦ N'est-ce pas provocant de regarder les gens autour de soi ?

Cette question est particulièrement pertinente chez les adolescents qui peuvent avoir un regard très intense.

Il faut à nouveau distinguer deux types de regards :

1. le balayage proposé ci-dessus ;
2. un regard intense et insistant.

Ce dernier peut en effet poser problème. Il faut éviter de donner à un agresseur potentiel une ouverture pour son agression. Un regard trop intense ou insistant peut inviter un agresseur potentiel à entrer en contact : « On se connaît ? », « Je te pose un problème ? », « T'as fini de me regarder ? », « Tu veux ma photo ? ».

Si on remarque un regard trop intense chez un jeune, on peut l'encourager à regarder juste au-dessus ou au-dessous des yeux. Cela permet d'enlever de l'intensité dans le regard en le ramenant à un balayage et non à une prise de contact visuelle.

Il faut préciser ici que de nombreuses femmes ont reçu le concept éducatif suivant : « Si tu ressens un regard trop insistant, ou si tu veux éviter d'entrer en contact, baisse les yeux et tu seras en sécurité. »

Cela est un mythe. On sait maintenant que le fait de ne pas regarder autour de soi et/ou de baisser les yeux est un des critères de choix de la victime par l'agresseur. Par contre, une personne qui montre, par son regard, la conscience qu'elle a de son environnement a beaucoup moins de risques de se faire sélectionner comme cible… Son attitude montre qu'elle n'est pas une victime facile. La technique de l'autruche qui cache sa tête dans le but de faire disparaître le problème ne marche vraiment pas !

♦ Mon enfant est toujours dans la lune. Il n'arrivera jamais à marcher avec confiance et en regardant autour de lui.

Souvenez-vous que ce que je propose ici n'est pas un vaccin miracle contre la violence, mais plutôt des exercices à mettre en pratique qui mèneront votre enfant vers une plus grande sécurité au fur et à mesure qu'il intégrera les règles de sécurité dans sa vie de tous les jours.

On peut comparer cet apprentissage à celui de la marche chez un petit enfant. Ce dernier n'apprend pas à marcher immédiatement. Cela prend du temps et de la pratique pour qu'il maîtrise cet art. L'enfant doit essayer, se tromper, être aidé, jusqu'à ce que finalement il ait suffisamment pris confiance en ce nouveau moyen de locomotion pour se lancer. Et très vite le voilà qui trotte partout, sans devoir même penser à sa démarche ; la marche fait maintenant partie de lui, elle est intégrée.

De même lorsqu'un enfant apprend à aller à vélo, à skis, en roller, etc.

Au début, on se trompe, on retombe dans les vieilles habitudes, on exerce encore et encore. Puis un jour, on marche avec confiance et en regardant autour de soi sans devoir y penser. C'est le propre de bien des apprentissages ; il en est de même pour les règles de sécurité, et en particulier quand il s'agit d'avoir une bonne attitude corporelle et une démarche adéquate.

Cela prendra plus ou moins de temps pour intégrer ces nouvelles techniques suivant l'attitude corporelle de base de l'enfant. L'apprentissage est aussi fonction du soutien et de la persévérance des adultes qui entourent le jeune.

N'oublions pas non plus l'impact du modèle : un parent donne beaucoup à son enfant par son propre langage du corps. Un adulte qui a lui-même une attitude fermée transmet malgré lui cette attitude corporelle à son enfant. Un premier pas vers la sécurité de son enfant est de se préoccuper de sa propre sécurité, à commencer par son attitude corporelle.

À travers mon expérience de plus de dix ans d'enseignement, je peux affirmer que si l'enfant est correctement soutenu, il intégrera les règles de sécurité dans son quotidien. Ne sous-estimez pas vos enfants : ils ont appris à marcher, à parler, à lire et à écrire… et ils surmonteront tant d'autres défis !

Quelques manières de mettre en pratique cette règle de sécurité :

♦ Exercice avec un petit enfant

Cet exercice est particulièrement adapté aux petits enfants.

Placer l'enfant devant l'adulte. L'enfant tourne le dos à l'adulte ; l'enfant et l'adulte regardent donc dans la même direction.

L'enfant s'éloigne de l'adulte en direction de la sécurité (une autre personne ou une chaise). Il marche avec confiance et regarde tout autour de lui. Il est donc conscient que l'adulte se trouve derrière lui. L'adulte guide l'enfant à avoir une bonne posture et à balayer lentement du regard.

♦ Exercice de la métamorphose

Comme dans la démonstration, l'adulte marche comme une cible parfaite (épaules affaissées, mains dans les poches, démarche crispée, regard fuyant). L'enfant corrige l'adulte jusqu'à ce que ce dernier ait une bonne démarche.

On échange ensuite les rôles : l'enfant est corrigé par l'adulte jusqu'à ce qu'il marche avec confiance et en regardant autour de lui.

N'oubliez pas que vous ne cherchez pas la perfection, mais le progrès… Cela demande de la patience et de la persévérance pour acquérir un bon langage du corps !

♦ L'histoire des tigres et des bûcherons

Cette histoire peut être racontée tant aux petits qu'aux grands, avec quelques adaptations de langage.

Histoire : Les tigres et les bûcherons

Le fait d'avoir confiance et de regarder autour de soi marche aussi dans la nature.

Ceci est une histoire vraie :

Les tigres du Bengale sont une espèce en voie de disparition, c'est-à-dire qu'il n'en existe presque plus dans le monde.

Pour les protéger, des zoologistes décident de les mettre dans une réserve où la chasse est interdite. Après quelques années, les tigres se reproduisent et se multiplient.

Un problème surgit pourtant : les tigres attaquent les bûcherons qui travaillent dans la réserve. Une soixantaine de bûcherons sont blessés chaque année ; cela représente plus d'un bûcheron par semaine ! Ce sont les bûcherons qui sont maintenant une espèce en voie de disparition !

Ils découvrent alors que les tigres n'attaquent jamais de face, mais toujours par-derrière. Ils imaginent une manière de se protéger des tigres : chaque bûcheron reçoit un masque à mettre derrière la tête. Quand un tigre approche, il voit toujours deux yeux qui le regardent et il n'attaque jamais.

Depuis lors, plus aucun bûcheron ne s'est fait manger par un tigre !

Cette histoire nous montre que même dans la nature on risque beaucoup moins de se faire embêter si on a confiance et qu'on reste attentif à son entourage.

Voici le jeu des tigres et des bûcherons ; il permet d'exercer de manière ludique une bonne attitude corporelle. Il est spécialement adapté aux enfants de trois à dix ans.

Jeu : Les tigres et les bûcherons

Imaginons que tu es un bûcheron qui n'est pas attentif. Tu prends ta scie et tu travailles sans regarder autour de toi. *L'adulte mime un bûcheron qui scie, concentré sur sa branche. Il guide l'enfant à faire de même.*

Imaginons que je suis un tigre ! Lorsque je te vois, je m'approche par-derrière et « Grahaau ! ». *L'adulte rugit en posant ses griffes sur l'épaule du bûcheron.*

Le tigre mange le bûcheron !

Tu es maintenant un bûcheron attentif. Tu travailles tout en regardant de temps en temps autour de toi. *L'adulte mime le bûcheron attentif. Il guide l'enfant à faire comme lui.*

Je suis de nouveau le tigre ! Lorsque tu m'entends approcher ou que tu me vois, tu te retournes, tu mets tes deux mains devant toi comme un petit mur et tu me regardes dans les yeux.

Attention j'arrive ! « Grr... » *L'adulte guide l'enfant à se retourner, à mettre les mains devant lui et à regarder le tigre dans les yeux.*

« Miaou, miaou, miaou... » *L'adulte mime un tigre peureux qui se retourne et s'en va penaud.*

Le tigre s'est transformé en chat !

CONTRÔLER SON ENVIRONNEMENT

• Aménager l'environnement de l'enfant

Même si nos enfants apprennent à s'occuper eux-mêmes de leur sécurité, cela ne nous enlève pas notre responsabilité de parents.

Avant de demander à un enfant de mettre en pratique les règles de sécurité, il nous appartient d'examiner les différents environnements dans lesquels il passe du temps : ces endroits présentent-ils les conditions requises pour sa sécurité ?

Apprendre à se défendre n'élimine pas miraculeusement la violence ; on augmente simplement les chances de ne pas devenir victime. Pour renforcer encore la sécurité, il s'agit d'examiner les environnements dans lesquels votre enfant passe régulièrement du temps ; si vous ne les considérez pas comme optimaux pour sa sécurité, il faut prendre certaines mesures.

Voici quelques éléments de réflexion pour déterminer si un environnement est suffisamment sûr pour votre enfant :

— Avec qui mon enfant se trouve-t-il ?

— Mon enfant aime-t-il cet endroit ? Sinon, pourquoi ?

— Y a-t-il un adulte responsable ? Qui est-ce ? Est-ce que je le connais suffisamment ? Ai-je confiance en lui ?
— L'adulte responsable est-il présent ? Est-il atteignable en tout temps ?
— Suis-je atteignable en cas de problème ?

Ceci est un début de réflexion ; à vous ensuite de définir où vous placez vos priorités pour caractériser un environnement sain.

Au fur et à mesure que votre enfant grandit, vous pouvez partager avec lui les critères que vous utilisez pour évaluer la sécurité d'un environnement. Votre enfant apprend ainsi à apprécier lui-même la sécurité de l'endroit où il se trouve.

• Être seul ou accompagné

Les règles de sécurité (particulièrement celles avec les inconnus) vont être appliquées par l'enfant quand il est seul. En effet, quand l'enfant est accompagné par un adulte responsable de lui, c'est à l'adulte qu'il incombe de s'occuper de la sécurité de l'enfant. L'enfant doit pouvoir déterminer lui-même s'il est seul ou s'il est accompagné.

Jeu de rôles : Être seul ou accompagné

Placer l'enfant près de soi.

Imaginons que nous sommes dans un magasin. Je suis ta maman et nous choisissons ensemble un paquet de biscuits. *L'enfant est proche de l'adulte et l'adulte est attentif.*

Est-ce que tu es seul ou accompagné ? Accompagné.

Maintenant, imaginons que tu restes au rayon des biscuits et que je m'éloigne de quelques pas pour acheter des légumes. *L'adulte s'éloigne de 2 ou 3 mètres et n'est pas attentif à l'enfant.*

Est-ce que tu es accompagné ou est-ce que tu es seul ? Seul. Si quelqu'un du magasin vient t'offrir des échantillons de nouveaux biscuits, vas-tu les accepter ou venir me demander la permission ?

Venir me demander la permission d'abord.

La plupart des enlèvements sont faits alors que l'adulte responsable ne se trouve qu'à quelques pas de l'enfant. L'enfant pense que son parent est là pour le surveiller et s'occuper de lui. Or le parent n'est pas attentif à l'enfant à ce moment précis.
Pour renforcer ce message, voici un autre jeu de rôles :

Jeu de rôles : Être seul ou accompagné (suite)
Placer l'enfant près de soi.

Imaginons que nous sommes à une place de jeu *(ou à un terrain de jeu, suivant l'âge)*, et que tu es en train de jouer. Je suis ton papa et je te regarde faire. *L'enfant est proche de l'adulte et l'adulte est attentif.*

Est-ce que tu es seul ou accompagné ? Accompagné.

Imaginons maintenant que je rencontre un vieil ami que je n'ai pas vu depuis longtemps. *L'adulte se retourne et se lance dans une conversation animée avec un autre adulte imaginaire. Il reste proche de l'enfant, mais n'est pas attentif.*

Est-ce que tu es accompagné ou est-ce que tu dois te considérer comme seul ? Seul.

Cet exemple montre l'importance de **l'attention** du parent. Un enfant qui n'a pas encore appris les règles de sécurité croit qu'être seul est uniquement une question de distance. Or, pour que l'enfant puisse se considérer comme accompagné, l'adulte responsable doit être proche *et* attentif.

Je vous propose de varier les jeux de rôles en fonction des habitudes de votre enfant. De la variété naît l'expérience. L'expérience permet d'intégrer le concept.

Quelques compléments pour les préadolescents et adolescents

Dès que vous permettez à vos enfants de sortir seuls ou avec des copains, il s'agit d'adapter le concept.

Jeu de rôles : Être seul ou accompagné

Imaginons que tu rentres à la maison en passant par la ville. Il y a du monde autour de toi qui peut t'entendre et t'aider si tu as un problème.

Est-ce que tu es seul ou est-ce que tu peux te considérer comme accompagné ? Accompagné.

Imaginons maintenant que tu rentres et qu'il n'y a personne aux alentours, ou alors quelques personnes occupées à leurs affaires. Est-ce que tu dois te considérer comme accompagné ou comme seul ? Seul.

La règle est la suivante :

Tu te considères comme seul s'il n'y a pas d'adultes à proximité qui peuvent t'entendre et t'aider si tu as un problème. Tu te considères comme accompagné s'il y a des adultes attentifs autour de toi, qui peuvent t'entendre et t'aider en cas de problème.

La plupart des gens ont de bonnes intentions. Si un jeune a des problèmes et qu'il y a du monde autour de lui, les chances sont très élevées qu'il reçoive de l'aide s'il en a besoin.

Par contre, si l'endroit est désert, mieux vaut appliquer les règles de sécurité comme si le jeune était seul, plutôt que de compter sur une aide qui pourrait se révéler hypothétique.

Remarquons ici que le jeune doit se considérer comme seul même s'il est avec des copains et s'il n'y a pas d'adultes autour de lui qui pourraient l'entendre et l'aider.

Jeu de rôles : Être seul ou accompagné (suite)
Il est vrai que si tu es avec des copains, tu as moins de risques de te faire embêter. Il est bien de rester en groupe dans les moments et aux endroits où tu ne te sens pas en sécurité. Mais pour te considérer comme accompagné, il faut qu'il y ait des adultes attentifs, qui peuvent t'entendre et t'aider en cas de problème.

Si un jeune est victime d'une agression, les adultes ont plus d'expérience que les jeunes pour apporter une aide adéquate.

• Garder une distance de sécurité

Souvenons-nous que pour avoir le contrôle de sa cible, l'agresseur doit normalement s'approcher d'elle. Pour garder soi-même le contrôle de la situation, il est important de garder une distance de sécurité. Cette distance est particulièrement utile lorsque l'enfant est seul face à un inconnu. Mais elle peut être utilisée dans un contexte plus général : si le jeune se sent mal à l'aise, si quelqu'un commence à l'importuner, il peut garder la distance de sécurité, ou, au besoin, la recréer. On peut notamment encourager son enfant à garder une distance de sécurité face à un bagarreur à l'école, ou à recréer cette distance lorsque quelqu'un de connu l'importune.

Ce sujet est approfondi dans la section « distance de sécurité »[1], lorsqu'on traite des agressions perpétrées par des inconnus.

Aller chercher de l'aide

• Où sont les endroits sûrs ?

Si l'enfant est en danger ou qu'il a peur, il faut qu'il parte, qu'il s'éloigne. On veut pourtant que son réflexe ne soit pas de fuir le danger, en courant n'importe où, sans but précis. On veut qu'il **se dirige vers la sécurité.** En tant que parents, il est primordial que nous indiquions à nos enfants où ils peuvent aller s'ils ont un problème, et cela pour chaque environnement où ils passent un certain temps.

Vers qui aller chercher de l'aide?

Si tu as un problème et/ou que tu es en danger, où et vers qui peux-tu aller ? *L'adulte laisse l'enfant donner ses idées, puis précise s'il est d'accord ou s'il recommande de choisir une autre solution.*

- Si tu es à l'école : vers la maîtresse, un autre enseignant, le surveillant, le concierge, le directeur, l'inspecteur scolaire, le médecin de l'école, le psychologue, le médiateur, etc.
- Si tu es dans ton jardin : dans la maison vers papa, maman, vers un adulte responsable, chez un voisin.

1. Chapitre III, p. 58.

- Si tu es sur le chemin de l'école : vers la vendeuse de la boulangerie X, chez des amis qui habitent le long du chemin, vers le conducteur de bus, etc.

En tant qu'adulte, il est important de demander la collaboration des personnes sur lesquelles vous comptez en cas de problème. Cela permet d'être sûr que l'aide n'est pas uniquement hypothétique.

Face à une réponse du type « Je vais vers mon frère ou ma sœur, vers mon chat ou mon nounours » ou encore « Je vais dans la maison », il s'agit de corriger l'enfant en le faisant préciser qu'il faut aller vers un adulte responsable.

• Avoir un plan de sécurité

Pour les jeunes qui sortent déjà seuls ou avec des copains, nous ne pouvons pas, en tant que parents, prévoir chaque endroit où ils se rendent. Il est cependant important de parler des endroits qui représentent un réel danger pour vous et où vous ne souhaitez pas qu'ils aillent.

Pour les endroits neutres, on peut éviter les situations de panique face à un problème ou un danger en encourageant le jeune à prévoir un plan de sécurité : en arrivant dans un nouvel environnement, le jeune prend ses repères et choisit les endroits où il peut aller en cas de problème.

Je vous encourage à prendre le temps de parler avec votre enfant des différents endroits où il passe un certain temps. Vous le guiderez au mieux dans ses choix.
On peut ensuite raconter cette histoire :

Histoire : Avoir un plan de sécurité

Ceci est une histoire vraie.

Un groupe de garçons est en course d'école dans une ville. Ils se promènent le long d'une rue passante. Le professeur leur a donné une heure pour visiter le quartier librement et faire quelques achats. Ils s'arrêtent pour regarder les vitrines d'un grand magasin où il y a foule.

Un bus, avec un groupe de cinq jeunes adultes, s'arrête le long du trottoir. Les cinq personnes descendent du bus, s'approchent du groupe de garçons et commencent à les agresser verbalement.

Devant cette menace, les jeunes adolescents fuient dans toutes les directions. Deux d'entre eux se font rattraper et sont roués de coups. Dans cette histoire, les jeunes n'avaient pas de plan de sécurité en cas de problème. Il aurait pourtant été simple de se dire : « En cas de problème, on reste tous ensemble, et on va demander de l'aide dans le grand magasin où il y a beaucoup de monde. »

Lorsque tu arrives dans un nouvel environnement, prends quelques secondes pour repérer les endroits où il y a du monde, où il y a des personnes qui ont la responsabilité professionnelle d'aider en cas de problème, par exemple une caissière, une vendeuse, etc. Choisis quelqu'un qui t'inspire confiance. Si tu es avec des copains, restez groupés !

• Comment demander de l'aide ?

J'aimerais mentionner ici certains principes à propos des demandes d'aide. Ils vous permettront, à vous parents et enseignants, de les reconnaître au fur et à mesure que vous avancez dans votre lecture. Les présentations propres aux enfants et aux jeunes seront reprises de manière plus détaillée dans différentes sections de ce livre.

Voici les points essentiels qu'un enfant doit apprendre pour pouvoir demander de l'aide efficacement :

— Il faut demander à ses parents à quel endroit et vers quelle personne il faut aller demander de l'aide en cas de problème. Pour les plus grands, il faut prévoir à l'avance un plan de sécurité[1].

— En cas de problème, mieux vaut en parler dès que possible. La meilleure solution est de choisir quelqu'un de son entourage en qui on a confiance[2].

— On n'arrive pas à lire dans les pensées des autres personnes. Si on a un problème, il faut raconter toute l'histoire, la totalité de son problème[3].

— Il faut persévérer dans sa demande d'aide. Même si une personne n'écoute pas, s'énerve ou ne croit pas ce que l'on dit, il ne faut pas hésiter à s'adresser à plusieurs personnes, jusqu'à ce que quelqu'un aide[4].

Il est de la responsabilité de l'enfant de demander de l'aide s'il a un problème. Mais il est de notre responsabilité d'adultes d'écouter et de répondre à cette marque de confiance[5].

1. Voir « Où sont les endroits sûrs ? », p. 59 et « Avoir un plan de sécurité », p. 60.

2. Voir « Savoir poser des limites claires », p. 130 et «Briser le silence», p. 173.

3. Voir « Comment puis-je savoir si mon enfant subit un abus sexuel », p. 126 et « Raconter », p. 143.

4. Voir «Jeux de rôles», p. 134.

5. Voir « Introduction sur les abus sexuels », p. 123, « Être les défenseurs de nos enfants », p. 152 et « Raconter », p. 143.

• Les adolescents et les demandes d'aide

Le groupe d'âge des adolescents éprouve une difficulté particulière à demander de l'aide. L'autonomie que les jeunes recherchent s'oppose au fait qu'ils puissent avoir besoin d'aide. Il faut accorder une attention particulière en parlant de ce sujet.

Jeu de rôles : Comment demander de l'aide

Les adolescents parlent rarement de leurs problèmes. Ils ont tendance à les garder longtemps secrets et à voir ainsi leurs problèmes s'aggraver.

Sais-tu pourquoi ?

Voici certaines raisons données fréquemment par les jeunes : on ne va pas me croire ; mes parents font toujours une grosse histoire de rien du tout ; ils vont me faire la leçon ; j'ai fait trop de bêtises pour en parler ; je vais me débrouiller tout seul ; j'ai peur des représailles ; je ne veux pas trahir mes copains ; de toute façon ça ne sert à rien.

Il est vrai que, parfois, demander de l'aide peut être difficile ou compliqué. Mais malgré tout, si tu as un problème, il vaut mieux en parler. Personne n'a le droit de t'obliger à garder le silence… pas même tes copains.

Il faut rester le plus calme possible lorsque tu demandes de l'aide ; il faut éviter de t'énerver ou d'insulter par exemple. Tu optimises ainsi les chances qu'on t'accorde une oreille attentive. Cela peut être difficile suivant les réactions de la personne en face.

Voici une technique de communication qui augmente les chances de te faire écouter :

« Je me sens… quand tu… peux-tu s'il te plaît… »

Imaginons que je suis un adolescent et que je m'adresse à un adulte pour lui raconter mon problème et lui demander de l'aide.

— Bonjour Maman !
— Bonjour Julien, tu n'es pas à l'école ?
— Non, je n'y suis pas allé…
— Quoi ! Tu n'es pas allé ! Mais à quoi penses-tu ?
— Maman, **je ne me sens pas** écouté **quand tu** m'interromps ; **peux-tu s'il te plaît** m'écouter jusqu'au bout. *Le ton est calme et posé.*
— Bon, mais qu'est-ce qui s'est passé ?
— Je suis allé chez Max.
— Chez Max ! Je t'ai déjà dit que je n'aime pas quand tu es avec lui !
— Maman, **je ne me sens vraiment pas** respecté **quand tu** m'interromps et que tu t'énerves ; **peux-tu s'il te plaît** écouter la fin de mon histoire. *Le ton est toujours calme.*
— Bon, vas-y !
— On était avec plusieurs copains…
— Pff ! *L'adulte soupire.*
— Et il y avait de la drogue.
— Quoi ?
— Maman, je n'en ai pas pris.
— Encore heureux !
— Maman, j'ai besoin que tu écoutes toute l'histoire.
— Mais oui ! Je t'écoute !
— La police est arrivée.
— Et quoi encore ?

— Et ceux qui se droguaient ont été amenés au poste. Les policiers m'ont dit qu'ils viendraient te parler. Je sais que j'ai fait des erreurs, mais je voulais que tu saches ce qui s'est passé.

— Merci de m'avoir tout raconté. C'est vrai que tu as fait des erreurs. Mais je suis fière que tu n'aies pas pris de drogue et que tu m'aies parlé.

On voit dans cette démonstration que le jeune garde son calme malgré les réactions de l'adulte. Il exprime ses sentiments avec beaucoup de recul. Il guide l'adulte à l'écouter jusqu'au bout.

Aurait-il reçu l'aide désirée si, à la première remarque, il avait claqué la porte en disant : « Tu ne m'écoutes jamais » ? Certainement pas. Il aurait gardé ses problèmes et en aurait vu d'autres se greffer par-dessus…

La technique de communication « je me sens… quand tu… peux-tu s'il te plaît… » est un moyen général pour exprimer ses sentiments et ses besoins. Elle permet de poser clairement et respectueusement des limites.

Voici quelques formules concrètes qui utilisent cette technique de communication et qui sont inspirées de la vie de tous les jours :

« Je ne me sens pas respectée dans mon intimité lorsque tu entres sans frapper dans ma chambre ; peux-tu s'il te plaît frapper avant d'entrer à l'avenir. »

« Je ne me sens pas respectée lorsque tu empruntes mes habits sans me demander ; peux-tu s'il te plaît d'abord me demander à l'avenir. »

« Je ne me sens pas à l'aise lorsque tu m'appelles chouchou devant mes copains ; peux-tu s'il te plaît m'appeler par mon prénom en leur présence. »

« Je me sens fâché lorsque tu ouvres mon courrier à ma place ; peux-tu à l'avenir me le mettre de côté sans l'ouvrir s'il te plaît. »

Nous ne pourrons peut-être pas répondre à chaque fois positivement et complètement à la demande du jeune. Nous voulons par contre que le jeune sente qu'il peut toujours nous parler de ses problèmes. Une bonne manière d'exprimer cette volonté est de commencer nos réponses par « merci de m'en avoir parlé ».

Il est de la responsabilité du jeune d'apprendre à nous demander de l'aide. Mais il est de notre responsabilité d'apprendre à recevoir positivement cette demande d'aide et à y répondre le mieux possible[1].

1. Voir « Comment puis-je savoir si mon enfant subit un abus sexuel ? », p. 126, « Raconter », p. 143 et « Être défenseurs de nos enfants », p. 152.

Chapitre III

Comment éviter les enlèvements et autres agressions perpétrés par des inconnus

Les agressions perpétrées par des personnes inconnues

• Introduction

J'aimerais aborder, dans ce chapitre, la problématique des agressions perpétrées par des inconnus. Même si ces événements ne représentent qu'une minorité des attaques envers les enfants, je pense qu'il est important de traiter le sujet.

Comment répondre aux sentiments de peur et d'impuissance exprimés à de nombreuses reprises par des parents et des enseignants ? Ce genre d'agressions, tel l'enlèvement, est en effet particulièrement chargé émotionnellement. Or il existe des moyens simples de prévention.

Je reprendrai le thème des enlèvements par des personnes connues de l'enfant au chapitre IV, dans les agressions perpétrées par des personnes connues[1]. Seuls les enlèvements et autres agressions perpétrés par des personnes inconnues seront traités dans ce chapitre.

• Qu'est-ce qu'un inconnu ?

Aussi bien les parents que les enfants entendent parler de cas d'enlèvements ou d'agressions par des inconnus ; ces violences sont fortement médiatisées et génèrent la peur. Cette peur détourne souvent l'attention des adultes, parfois même au détriment d'autres aspects de la violence qui sont pourtant plus fréquents. Or il existe

1. Voir « Autres types d'agressions perpétrées par des personnes connues », p. 128.

des techniques de prévention très simples pour prévenir les agressions par des inconnus. Après avoir calmé cette peur, nous pourrons aborder plus sereinement les types d'agressions les plus fréquents, en particulier le racket et les abus sexuels infligés par des personnes connues de l'enfant.

Le premier niveau de la stratégie d'autoprotection est d'être attentif à son environnement[1]. Dans la prévention des agressions par des inconnus, l'enfant doit donc être attentif aux inconnus. Mais qu'est-ce qu'un inconnu ? Beaucoup d'enfants ont une image trop précise d'un inconnu. Une petite fille a répondu dans un cours d'autoprotection : « C'est un vilain monsieur avec un sparadrap sur la tête. » Sa maman lui avait expliqué que les messieurs qui embêtent les enfants sont malades dans leur tête ! Bien des enfants se construisent une image caricaturale : un monsieur avec un long manteau noir, qui offre des bonbons empoisonnés. Pour arriver à lutter efficacement contre les agressions perpétrées par des inconnus, il faut commencer par élargir le concept d'inconnu auprès des enfants.

La notion d'inconnu

C'est quoi un inconnu ? C'est simplement une personne qu'on ne connaît pas.

Il ressemble à qui, un inconnu ? À n'importe qui *(ou à tout le monde)*.

Est-ce qu'un inconnu peut être une femme ? Un homme ? Un enfant ? Être grand ? Être gros ? Être beau ? Porter une jupe ? Porter un uniforme ? Oui.

1. Voir « Stratégies d'autoprotection », p. 41.

Nous pensons que la plupart des gens dans le monde sont gentils. Donc la plupart des inconnus aussi. Mais si un inconnu voulait te jouer un vilain tour, penses-tu qu'il serait méchant ou qu'il ferait semblant d'être gentil ? Il pourrait bien faire semblant d'être gentil. On ne peut donc pas voir de l'extérieur si quelqu'un est vraiment gentil ou s'il fait semblant d'être gentil. On va donc suivre des règles de sécurité avec tous les inconnus quand on est seul.

Quelques questions fréquentes pour affiner l'apprentissage :

♦ Si on croise une personne tous les jours sur le chemin de l'école, par exemple, est-ce toujours un inconnu ?

Pour les petits, l'enfant doit considérer qu'une personne est inconnue si ses parents ne la lui ont pas présentée. Cela permet au parent d'avoir un certain contrôle sur les personnes que son enfant considère comme inconnues et sur celles avec qui il peut avoir des contacts. Ainsi, même une personne croisée tous les jours sur le chemin de l'école doit être considérée comme inconnue si le parent de l'enfant n'en a pas décidé autrement.

Pour les plus grands, on peut nuancer cette règle au fur et à mesure que l'enfant prend de l'indépendance et qu'il est apte à juger lui-même d'une situation. Il appliquera également les règles de sécurité pour inconnus avec les personnes qu'il ne connaît pas bien. Le parent veillera à transmettre à son enfant la notion de « bien connaître » qui lui convient.

♦ Ne risque-t-on pas d'effrayer les enfants en montrant un monde où il faut se méfier de chacun ?

Rappelons-nous que même si nous aimerions un monde sans agressions pour nos enfants, ce monde n'existe pas. Ne rendons pas nos espoirs dangereux pour nos enfants.

Nous ne parlons ni des personnes qui agressent, ni de celles qui n'agressent pas. Nous parlons simplement de personnes qui ne sont pas connues. Il est vrai que l'amalgame est vite fait entre « inconnu » et « méchant inconnu ». C'est pourquoi nous précisons aux enfants que nous pensons que la plupart des gens sont gentils. Cela renforce l'état d'esprit dans lequel nous abordons le sujet : il ne s'agit pas de craindre tout le monde. C'est uniquement parce qu'on n'arrive pas à distinguer de l'extérieur les intentions réelles d'une personne que les enfants, lorsqu'ils sont seuls, doivent suivre des règles de sécurité avec tous les inconnus.
Voici deux exercices pour intégrer la notion d'inconnu :

Exercices : Pointer les inconnus

En feuilletant des journaux, demander à l'enfant de montrer toutes les photos des inconnus.

En se promenant dans son quartier, demander à l'enfant de montrer tous les inconnus. Précisez les personnes que vous acceptez que votre enfant considère comme connues.

Quelques compléments pour les préadolescents et les adolescents

Même si les jeunes pensent savoir exactement ce qu'est un inconnu – quelqu'un qu'on ne connaît pas – ils font aussi un amalgame entre inconnu et agresseur. Ils ont également souvent une image trop précise de l'inconnu qui pourrait les agresser.

Même nous, en tant qu'adultes, confondons parfois inconnu et individu qui fait du mal à nos enfants. Nous imaginons la plupart du temps un homme, mal habillé, mal rasé, portant lunettes et blouson noirs, etc. Or, nous savons que le danger peut aussi bien venir d'une personne en costume et cravate. Pour pouvoir approcher un enfant, ce qui est souvent le cas pour les enlèvements ou les agressions par des inconnus, l'individu cherche à gagner la confiance de l'enfant. L'agresseur ne va PAS répondre à l'image stéréotypée que l'enfant se fait de l'individu qui veut l'importuner ou l'agresser !

Ainsi, même chez les adultes et à plus forte raison chez les préadolescents et les adolescents, il faut renforcer le message qu'un inconnu, gentil ou non, peut ressembler à n'importe qui. Lorsque le jeune est seul, il est important qu'il applique les règles de sécurité avec tous les inconnus ; en effet, il ne devine pas nécessairement de l'extérieur les intentions véritables de quelqu'un.

LES RÈGLES DE SÉCURITÉ AVEC DES INCONNUS

• La distance de sécurité

La distance de sécurité concrétise le deuxième niveau de la stratégie d'autoprotection : garder le contrôle de la situation. Au lieu de laisser l'agresseur potentiel contrôler la situation, c'est l'enfant qui va prendre sa sécurité en main.

Jeu de rôles : La distance de sécurité

Se placer face à l'enfant, à une distance de moins d'un mètre.

Imaginons que je suis un inconnu et que tu es seul. Est-ce que tu penses que nous sommes à une bonne distance l'un de l'autre ? Penses-tu qu'il s'agit d'une distance de sécurité ? Non. Recule jusqu'à ce que tu sois à une distance de sécurité.

Je vais contrôler. *L'adulte fait un pas en avant, en gardant le talon de la jambe arrière au sol. Il tend le bras pour voir s'il peut toucher l'enfant. L'enfant doit être quelques pas d'enfant plus loin que la main tendue.*

Si l'enfant est trop près, l'adulte dit uniquement : « Tu vois, je peux encore te toucher ; recule encore un peu » ou encore « tu es encore un peu trop proche ; recule d'un pas ». L'adulte guide l'enfant jusqu'à ce qu'il soit au bon endroit. L'adulte se redresse pour que l'enfant puisse voir et intégrer cette distance de sécurité dans son corps.

Que peux-tu faire si j'avance vers toi ? Reculer. *L'adulte avance lentement de manière à ce que l'enfant puisse reculer et garder la distance de sécurité.*

Le but est de permettre à l'enfant de vivre, pendant l'exercice, ce qu'on aimerait qu'il fasse dans la réalité. On va le guider suffisamment pour qu'il mette en pratique la règle de sécurité de manière correcte ; on veut qu'il intériorise tout de suite la bonne façon de faire.

Si l'enfant reste trop près, on évite de dramatiser la situation. En tant qu'adultes et parents, nous comprenons les implications de cette règle de sécurité. Nous percevons émotionnellement les conséquences d'une mauvaise mise en pratique. Mais rappelons-nous que nos enfants apprennent des techniques nouvelles et qu'il est normal qu'ils fassent des erreurs. Nos enfants n'ont pas besoin de notre anxiété mais plutôt de notre confiance, confiance qu'ils vont réussir à apprendre des règles simples pour rester en sécurité.

La distance de sécurité décrite ci-dessus est une distance minimale. Si l'enfant a peur ou se sent en danger, il doit s'en aller, partir aussi loin qu'il peut, en se dirigeant vers la sécurité[1].

1. Voir « Où sont les endroits sûrs ? », p. 59 et « Avoir un plan de sécurité », p. 60.

Quelques remarques et questions pour affiner le concept :

♦ Il n'est pas possible de garder une distance de sécurité avec les inconnus à chaque instant, par exemple dans un endroit fréquenté.

Il n'est en effet pas toujours possible de garder une distance de sécurité. Mais on peut se le permettre dans certaines situations justement parce qu'il y a du monde. Les gens peuvent entendre et aider l'enfant s'il a un problème.

Même dans les situations où l'enfant ne peut pas maintenir une distance de sécurité avec tous les inconnus, il peut toujours prendre ou reprendre cette distance avec les personnes qui le mettent mal à l'aise.

Voici un jeu de rôles qui présente ce concept :

Jeu de rôles : Rétablir une distance de sécurité

Imaginons que tu es dans une file de cinéma. La caissière est en tête de file. *L'adulte joue le rôle d'une personne qui s'approche trop près de l'enfant. L'adulte guide l'enfant à demander à l'adulte de reculer un peu, et/ou, si l'adulte insiste ou si l'enfant préfère, il peut sortir de la file, créer la distance de sécurité, demander d'arrêter et/ou aller vers la caissière demander de l'aide.*

L'adulte navigue entre les rôles d'intrus et de coach pour guider l'enfant pendant l'exercice. Il change légèrement le ton et la puissance de sa voix de manière à ce que l'enfant distingue facilement les deux rôles.

♦ Cette distance de sécurité de 2 ou 3 mètres n'est-elle pas excessivement grande ?

La distance de sécurité est une distance minimale permettant à quelqu'un qui se fait aborder ou agresser de réagir verbalement.

Si on laisse une personne s'approcher davantage et qu'une agression se déclenche, on passe tout de suite à une confrontation physique. Or, en autoprotection, il vaut mieux essayer de prévenir et éviter le combat. En maintenant la distance de sécurité, on garde la possibilité de mettre fin à l'interaction de manière verbale et corporelle avant d'en venir aux mains.

Cette distance de sécurité est d'ailleurs valable non seulement pour les enfants et les adolescents, mais aussi pour les adultes. En laissant l'autre s'approcher trop près, on se prive de techniques d'autoprotection verbales, corporelles et psychologiques qui nous donnent pourtant de plus grandes chances de nous en sortir indemnes.

♦ Cette distance peut-elle être efficace même avec des personnes connues ?

Si un enfant craint une personne particulière de son entourage, par exemple un bagarreur à l'école, la distance de sécurité permet à l'enfant de poser des limites verbales. Très souvent, cela suffit pour éviter que le conflit ne s'envenime.

• Avant de parler…

Voici une autre règle qui permet à l'enfant de prendre le contrôle de la situation. Cette règle est valable pour la prévention d'agressions perpétrées par des personnes inconnues. Je rappelle ici qu'une personne peu connue doit être considérée par l'enfant comme un inconnu[1].

Règle de sécurité : Avant de parler...

Pour les enfants de moins de 9 ans :

Tu vas demander la permission à l'adulte responsable avant de parler à un inconnu quand tu es seul.

Pour les enfants de 9 ou 10 ans :

Tu n'as pas l'obligation de parler à un inconnu quand tu es seul. Si tu décides de parler, tu ne vas jamais donner d'indications personnelles et tes réponses vont être brèves.

Quelques questions pour comprendre cette règle :

♦ N'est-ce pas un peu rigide de dire à un petit enfant de demander la permission avant de parler à un inconnu ?

Cette règle est volontairement peu nuancée pour les petits. Elle se justifie pourtant lorsqu'on examine les caractéristiques des enlèvements.

Dans la plupart des cas, les enlèvements d'enfants se font alors que les adultes responsables se trouvent à quelques pas, mais ne sont pas attentifs. Pour éviter les cris qui peuvent alarmer, le ravisseur gagne la sympathie de l'enfant en discutant avec lui. Il peut ensuite s'en appro-

1. Voir « Qu'est-ce qu'un inconnu ? », p. 69.

cher et le diriger vers un autre endroit, hors du rayon d'action des parents. Les personnes qui agressent les enfants sont des manipulateurs experts !

Un enfant de moins de 9 ans a beaucoup de difficulté à dialoguer tout en restant conscient de la distance de sécurité. D'où la règle peu nuancée qui demande à l'enfant de ne pas parler avant d'en avoir reçu l'autorisation de l'adulte responsable. À partir de 9 ans, un enfant peut gérer le fait de dialoguer, sans donner d'informations personnelles, tout en gardant une distance de sécurité. Cette distance peut lui permettre de réagir en cas de problème.

L'âge de 9 ans est indicatif ; il a été fixé en fonction du développement moyen d'un enfant de cet âge. Choisissez la règle en fonction de la maturité réelle de votre enfant.

♦ Les petits enfants ne peuvent-ils même plus dire « Bonjour » ?

Si vous sentez que votre enfant est capable de dire « Bonjour » tout en gardant une distance de sécurité et sans que son attention soit détournée par une conversation, c'est une adaptation qui est possible.

Je remarque cependant fréquemment, lors des cours que j'anime, qu'il est difficile pour les petits d'engager une conversation avec « Bonjour » puis de rompre aussitôt ce dialogue en continuant leur chemin. Les jeux de rôles en pages 81 et suivantes seront utiles pour évaluer cette capacité chez votre enfant.

♦ Pour les enfants dès 9 ans, qu'est-ce qu'une information personnelle ?

Une information personnelle consiste en toute donnée qui permet d'identifier un enfant ou de renseigner sur les habitudes de ce dernier.

Les indications personnelles – dès 9 ans

On pose à l'enfant de 9 ans et plus diverses questions en lui demandant s'il peut répondre s'il en a envie. L'adulte reste toujours à une distance de sécurité pendant le jeu de rôles, en précisant qu'il est un inconnu. L'enfant intègre ainsi tous les éléments importants de l'apprentissage.

Est-ce que tu as l'heure ? Si tu veux me répondre, est-ce que tu peux ? Oui, car ce n'est pas une information personnelle.

Autres exemples où l'enfant peut répondre en gardant une distance de sécurité : « Où est la boulangerie ? » « Où est l'arrêt de bus ? » « Où est l'école Pestalozzi ? », « Belles baskets ! » (l'enfant dit simplement « Merci » et continue son chemin).

Est-ce que c'est ta maison ? Ceci est une information personnelle. Tu peux dire « Je n'ai pas envie de vous répondre » ou, si tu préfères, garder le silence.

Autres exemples où l'enfant ne doit pas donner d'informations personnelles : « Tu t'appelles comment ? », « Tu habites où ? », « Où est ton école ? », « Tu prends ce bus ? » Soit l'enfant dit : « Je n'ai pas envie de vous répondre », soit il se tait.

♦ Est-ce que certaines personnes ne risquent pas de s'offusquer de ces non-réponses ?

Souvenons-nous du principe de base : la sécurité et le bien-être d'un enfant sont plus importants que l'embarras, le dérangement ou l'offense de quiconque.

S'il faut choisir entre la sécurité de votre enfant ou la gêne passagère d'un inconnu, je pense que le choix est vite fait. De plus, d'un point de vue de la sécurité, la réaction négative d'une personne peut donner des informations précieuses sur les intentions de cette dernière. Quelle que soit la raison de cette réaction, cette personne montre qu'elle ne respecte pas les limites posées par l'enfant pour sa sécurité. Or un des meilleurs critères pour repérer les personnes susceptibles de faire du mal aux enfants est leur incapacité à respecter les limites posées par ces derniers. Il vaut mieux éviter de prendre le risque de vérifier si une personne a vraiment de mauvaises intentions. Encouragez vos enfants à agir sur des indices, en faisant confiance à leur intuition. Vous pourrez ainsi vraiment prévenir plutôt que guérir.

Voici des jeux de rôles pour permettre à l'enfant d'intégrer les règles de sécurité non seulement dans son esprit, mais aussi dans son corps.

Jeu de rôles : Avant de parler

Avec un enfant de 8 ans et moins :

Imaginons que tu es assis dans ton jardin et que la chaise là-bas représente la sécurité (par exemple, ta maman dans la maison). Je suis une inconnue.

Tu te souviens que quand tu es seul, tu gardes une distance de sécurité face à un inconnu et que tu demandes la permission à la personne qui s'occupe de toi avant de parler.

— Salut, comment ça va ? *L'adulte ne s'approche pas trop de manière à garder la distance de sécurité. Il guide l'enfant à se lever sans rien dire et à reculer en direction de la sécurité.* Tu habites ici ? Tu as un bien joli jardin.

Le jeu de rôles est terminé lorsque l'enfant arrive à la sécurité.

Avec un enfant de 9 ou 10 ans :

Imaginons que tu es dans la cour de l'école et que cette chaise représente la sécurité (par exemple la maîtresse dans ta classe). Je suis un inconnu.

Tu te souviens que, quand tu es seul, tu gardes une distance de sécurité face à un inconnu. Tu n'as pas l'obligation de répondre à un inconnu. Si tu décides de parler, tu ne donnes jamais d'indications personnelles et tu fais des réponses brèves.

— Salut !

— Bonjour.

— Il fait beau n'est-ce pas ? Tu vas à l'école ici ? *L'adulte guide l'enfant soit à ne pas répondre, soit à dire* : « Je n'ai pas envie de vous répondre. » *L'adulte veille à rester à une distance de sécurité de l'enfant ; il peut s'approcher, mais lentement de manière à pouvoir encourager l'enfant à garder sa distance de sécurité.* Tu t'appelles comment ?

Face à quelqu'un qui insiste, l'enfant se dirige vers la sécurité.

L'adulte guide l'enfant pour qu'il fasse tout de suite l'exercice de manière correcte. L'enfant intègre ainsi les bons réflexes dans son corps.

Même si la scène peut varier (à l'école, à la maison, dans tout autre endroit où l'enfant a l'habitude d'aller), le déroulement du jeu de rôles est semblable. Le ton de voix reste calme et le vocabulaire n'est pas effrayant, même si l'inconnu devient insistant. On ne veut pas créer une peur de l'inconnu chez l'enfant ; on veut simplement qu'il intègre une attitude sécuritaire.

Quelques compléments pour les préadolescents et les adolescents

La règle émise pour les plus grands est aussi valable pour les préadolescents et les adolescents ; il faut cependant adapter la formulation pour leur donner une plus grande marge de manœuvre.

Avant de parler…

Si tu ne connais pas quelqu'un, ou que tu ne le connais pas bien, il vaut mieux ne pas lui donner d'indications personnelles qui pourraient le renseigner sur ta vie ou sur tes habitudes. Ainsi, tu ne vas pas donner des informations par habitude ou par pression, mais seulement quand tu choisis de les donner.

Souviens-toi que si tu te sens mal à l'aise, garder ou recréer une distance de sécurité est toujours valable, même pour les adultes. Elle permet de réagir en cas de problème.

Avec un préadolescent ou un adolescent, on explique les raisons d'être de la règle. Il sera ainsi plus motivé à la mettre en pratique.

À nouveau, le jeu de rôles permet d'avoir un vécu corporel ; on prendra une situation adaptée à la vie du jeune.

Si le jeune a tendance à donner des indications personnelles, on peut lui dire : « Souviens-toi ; tu n'as pas l'obligation de répondre, même si cela peut paraître gênant. »

Quelques questions pour renforcer le message de sécurité auprès des préadolescents et les adolescents

♦ Mon enfant n'arrive pas à s'affirmer ; il suit pour ne pas être embarrassé. Que faire ?

Si la raison pour laquelle un jeune ne met pas en pratique une règle de sécurité est liée à l'embarras, qu'il s'agisse de cet exercice ou d'un autre, je dirai :

J'ai trop honte !

Souvent les jeunes ont l'impression qu'ils ne peuvent pas faire quelque chose parce qu'ils vont mourir de honte. Je peux t'affirmer ici que l'on ne meurt pas de honte. Par contre, mettre ou ne pas mettre une règle de sécurité en pratique peut faire la différence entre la vie et la mort.

Bien des personnes racontent avoir pressenti un problème avant qu'une agression ait lieu, mais n'ont pas agi par peur d'être embarrassées ou d'embarrasser quelqu'un d'autre.

Si quelqu'un te demande des indications personnelles, et que tu ne le connais pas ou peu, ou que tu ne te sens pas à l'aise, c'est ton droit de ne pas répondre. Tu n'as pas à te faire dicter tes choix, pas même par ton embarras !

Certains parents me disent que ces messages de prévention ont plus d'impact auprès des jeunes lorsqu'ils sont proposés par des adultes externes à la famille. Les cours d'autoprotection permettent une telle approche ; le message est donné par des spécialistes d'autoprotection. Les parents renforcent ensuite les concepts de prévention sans devoir couvrir toute la matière. Cela évite aussi que certains jeunes adoptent volontairement une attitude non sécuritaire simplement pour contrer le parent[1].

♦ Comment réagir si mon enfant fait exprès de donner des indications personnelles dans les jeux de rôles que je pratique avec lui ?

Souvenons-nous que l'adolescent a besoin de liberté et de montrer qu'il a des choix.

Pourquoi ne faut-il pas donner des indications personnelles ?
Dans la réalité, on sait, grâce à des experts criminologues (ceux qui étudient les manières dont les jeunes se font agresser), que la meilleure manière d'agir est de ne pas donner d'indications personnelles à des personnes inconnues ou qu'on ne connaît pas bien.

Si tu veux vraiment avoir le choix de donner des indications personnelles uniquement quand tu le décides, il faut

1. Voir « Ressources utiles », p. 199.

que tu saches comment refuser d'en donner. Même si je sais que tu es capable de poser tes limites, j'aimerais que tu exerces le fait de refuser de répondre dans ces jeux de rôles.

L'adulte reprend l'exercice avec le jeune et le guide dans son apprentissage. Même si le jeune le prend de manière un peu désinvolte, il n'en intègre pas moins les mots qui lui permettront d'avoir le choix de s'affirmer.

• Avant de prendre…

Qui n'a pas déjà dit à son enfant « Tu n'acceptes rien d'un inconnu » ? Bien des parents transmettent naturellement ce concept. Cette règle est importante, mais elle n'est pas suffisante lorsqu'on examine la réalité des enlèvements. Il faut la compléter par :

Règle de sécurité : Avant de prendre…
Tu n'acceptes rien d'un inconnu, même pas quelque chose qui t'appartient, avant de demander d'abord la permission à l'adulte responsable.

En effet, on observe que, dans plus de 80 % des enlèvements, l'agresseur utilise un objet qui appartient à l'enfant pour l'amadouer et l'attirer. Combien de fois disons-nous à nos enfants « Prends soin de tes affaires » ? Même s'il s'agit d'un concept éducatif tout à fait normal, il est nécessaire de renforcer le message complémentaire : « Tu es plus important que tes choses ! »

Un petit garçon qui suivait un cours d'autoprotection a donné un magnifique exemple du dilemme dans lequel un enfant peut se trouver quand il doit choisir entre la sécurité et une chose à laquelle il tient beaucoup. Au moment de mettre en pratique la technique, il se dressa et dit d'une voix forte et convaincue : « Ah non ! Cette règle, elle vaut pour tout, sauf pour mon gameboy ! » L'animatrice lui dit : « C'est quoi le plus important, tes choses ou toi-même ? » Après une longue réflexion, son visage s'illumina d'un énorme sourire, et il s'écria : « C'est moi bien sûr ! » Ensuite, toutes les cinq minutes jusqu'à la fin du cours, le petit garçon se levait et disait : « C'est quoi le plus important, moi ou mes choses ? C'est moi bien sûr ! » Il avait compris un concept essentiel à sa sécurité.

Voici un jeu de rôles pour intérioriser cette règle :

Jeu de rôles : Avant de prendre…

Avec un enfant de moins de 9 ans :

Imaginons que tu es assis dans ton jardin. Ta maman est dans la maison. *L'adulte indique une personne ou un endroit qui représente la sécurité.* Je suis une inconnue.

Tu te souviens des règles de sécurité : tu gardes une distance de sécurité, tu ne parles pas et tu n'acceptes rien, même pas quelque chose qui t'appartient, sans demander d'abord la permission à l'adulte responsable. *L'adulte demande s'il y a un objet auquel l'enfant tient particulièrement.*

> — Elle est à toi, cette balle rouge ? *L'adulte guide l'enfant à se lever et à garder une distance de sécurité. L'enfant ne répond pas.* Tu as perdu ta langue ? Elle est à toi cette balle ? *L'enfant recule et se rapproche de la sécurité. L'adulte continue et insiste jusqu'à ce que l'enfant ait atteint la sécurité.*

Une fois le jeu de rôles terminé, on rassure l'enfant en lui précisant que même s'il prend quelques minutes pour aller avertir l'adulte responsable, il retrouvera ce qui lui appartient dans la grande majorité des cas. L'enfant aura ainsi pris soin de sa sécurité et retrouvé l'objet auquel il tient.

Jeu de rôles : Avant de prendre…

Avec un enfant de 9 ou 10 ans :

Imaginons que tu es dans la cour d'école et que la maîtresse est dans la classe. *Indiquer une personne ou un endroit qui représente la sécurité.* Je suis une inconnue. On imagine que tu as perdu ton porte-monnaie avec de l'argent dedans.

Tu te souviens des règles de sécurité : tu gardes une distance de sécurité ; tu peux répondre si tu veux, mais seulement avec des réponses brèves et tu ne donnes pas d'informations personnelles ; tu n'acceptes rien, même quelque chose qui t'appartient, sans demander d'abord la permission à l'adulte responsable.

— Il est à toi ce porte-monnaie ? Je l'ai trouvé par terre. *L'adulte guide l'enfant.*
— Oui, merci. Pouvez-vous le poser sur le mur, s'il vous plaît? *L'enfant continue de garder sa distance de sécurité.*
— Non, tu vas encore l'oublier. Viens le chercher !
— Non merci. Vous pouvez le poser là !
— Pourquoi restes-tu si loin ?
— C'est pour ma sécurité.
— Bon d'accord. *L'adulte pose le porte-monnaie et s'en va.*

Dans une variante, l'adulte peut continuer d'insister. L'enfant doit alors se diriger vers la sécurité ; il va vers sa maîtresse et lui explique ce qui se passe ; il va chercher le porte-monnaie *avec elle.*

Quelques questions d'enfants qui permettent d'affiner l'apprentissage :

♦ Pourquoi est-ce que je ne peux pas vite prendre la chose et m'en aller ?

Dans une question comme celle-ci, il s'agit de reconnaître la difficulté que peut ressentir l'enfant à laisser derrière lui un objet auquel il tient beaucoup, tout en affirmant l'importance qu'il accorde à sa sécurité. Nous voulons éviter de donner trop d'informations sur les enlèvements : le but n'est pas d'effrayer l'enfant.

Je vois que cela est difficile pour toi de laisser cette chose. Tu as l'air de beaucoup l'aimer. Mais si tu prends cette chose, même très vite, tu n'arrives pas à garder une distance de sécurité. Il est important que tu ailles d'abord chercher l'adulte responsable, et que vous alliez ensuite rechercher *ensemble* cette chose. Cela ne prendra qu'un moment de plus et, presque toujours, tu retrouveras la chose à laquelle tu tiens.

Souviens-toi, tu es plus important que tes choses !

♦ Et si je me trompe et que je connais la personne ?

Si tu te trompes et que c'était par exemple un ami de la famille, cela pourrait être gênant, n'est-ce pas ? Oui.

Mais c'est quoi le plus important ? Ne pas être embarrassé ou rester en sécurité ? Rester en sécurité.

J'encourage les parents à féliciter leur enfant lorsque celui-ci met en pratique les règles de sécurité, même s'il fait une erreur et ne reconnaît pas un ami de la famille. On peut expliquer à cette personne le malentendu, et profiter de l'occasion pour sensibiliser son entourage aux règles de sécurité apprises par son enfant. Souvenons-nous, une fois encore, du principe de base : « La sécurité et le bien-être d'un enfant sont plus importants que l'embarras, le dérangement ou l'offense envers quiconque. »

♦ Pourquoi est-ce que je ne peux pas dire à l'inconnu de lancer la chose ?

Je vois que tu essayes de trouver des solutions pour rester en sécurité. C'est bien. Pour ta sécurité, il est cependant mieux de demander de poser la chose plutôt que de proposer de la lancer.

Un objet lancé crée une dynamique plus complexe pour l'enfant :

1. Lorsque l'enfant se préoccupe de l'objet qu'il doit attraper, il n'est plus concentré sur la distance de sécurité.
2. Si l'inconnu se déplace en direction de l'enfant, ce dernier ne va probablement le remarquer qu'après avoir reçu l'objet, c'est-à-dire trop tard !
3. Si l'enfant n'arrive pas à attraper la chose, il aura tendance à aller la ramasser. Son attention sera dirigée sur l'objet, son regard probablement

vers le bas. Il aura de la peine à rester attentif à son environnement et plus particulièrement à la personne en face de lui.

4. L'objet peut blesser l'enfant, ou simplement se briser s'il tombe, etc.

Bien assez de raisons pour préférer une solution plus sûre : demander de poser la chose.

♦ Si la personne m'appelle par mon prénom, est-ce encore un inconnu ?

Est-ce que c'est possible qu'un inconnu connaisse ton prénom ? Oui, un inconnu peut entendre quelqu'un t'appeler, ou il peut voir ton prénom sur un T-shirt, une casquette ou un sac d'école. Un inconnu peut donc connaître ton prénom.

Tu vas suivre les règles de sécurité avec toutes les personnes qui te sont inconnues, même si elles connaissent ton prénom.

Compléments pour les préadolescents et les adolescents

La règle pour les plus grands est transposable aux préadolescents et aux adolescents. Voici un jeu de rôles qui leur est adapté :

Jeu de rôles : Avant de prendre…

Imaginons que tu te promènes en ville avec des copains. Il y a du monde aux alentours qui peut vous entendre et vous aider. Est-ce que tu peux te considérer comme accompagné ? Oui.

Imaginons que je suis un inconnu et que j'offre à tout le monde des bons de réduction pour un nouveau magasin de CD. *Tout en donnant les explications, l'adulte mime la situation.*

— Voici un bon de réduction pour notre magasin. Est-ce que tu peux accepter ? Oui, parce que toi et tes copains, vous n'êtes pas seuls ; il y a des adultes aux alentours qui pourraient vous entendre et vous aider en cas de problème. De plus, cette personne a l'air d'offrir des dépliants à tout le monde.

Maintenant, imaginons que cette personne cherche à offrir des dépliants uniquement à toi et tes copains. Personne d'autre n'a l'air d'en avoir. Est-ce bien d'accepter ? C'est mieux de ne pas accepter.

Maintenant, supposons qu'il n'y a pas beaucoup de monde, pas d'adulte qui pourrait t'entendre et t'aider. Est-ce que tu dois te considérer comme seul ou accompagné ? Seul. Même si tu es avec deux copains ? Oui, tu dois te considérer comme seul, car il n'y a pas d'adulte aux alentours qui pourrait t'entendre et t'aider en cas de problème. Si cet inconnu t'offre de la publicité, est-ce mieux de l'accepter ou de la refuser ? Tu vas garder une distance de sécurité et dire : « Non merci. » Tu vas ensuite te diriger vers la sécurité, par exemple un endroit plus fréquenté, si possible en restant avec tes copains.

• Avant de suivre…

Voici une règle de sécurité qui est efficace pour éviter les agressions perpétrées tant par des inconnus que par des personnes connues.

Règle de sécurité : Avant de suivre…
On ne suit personne, pas même quelqu'un de connu, sans demander d'abord la permission à l'adulte responsable.

Avec les enfants plus grands, on peut utiliser le terme « d'avertir » au lieu de « demander la permission ».

Cette règle permet aussi de protéger un enfant contre certains dangers. Imaginez par exemple un copain qui propose à votre enfant : « Viens chez moi. Mon père a une tronçonneuse dans le garage. On va l'essayer ? » Le fait de demander une autorisation préalable protège votre enfant contre ce type de danger. Ce n'est donc pas uniquement une règle pour lutter contre la violence envers les enfants.

Vous pouvez indiquer à votre enfant les personnes qu'il a le droit de suivre sans permission. Plus l'enfant est jeune, moins il devrait y avoir de personnes. Il doit cependant vous avertir par la suite, dès que vous risquez de vous faire du souci.

Une bonne manière de choisir le nombre de personnes que l'enfant peut suivre sans permission est de prendre l'âge de l'enfant et de le diviser par deux. Si on donne à l'enfant trop de personnes qu'il peut suivre sans permission, il risque d'être embarrassé dans une situation réelle : « Cette personne, j'avais le droit de la suivre ou non ? Tant pis, j'y vais… »

En grandissant, votre enfant aura plus de liberté et de choix. Le nombre de personnes qu'il peut suivre sans permission augmente.

On peut affiner cette règle pour couvrir les changements de plan. Imaginez que vous avez permis à votre enfant de faire une certaine activité ; s'il y a un changement important concernant les personnes impliquées, la durée ou le lieu, vous voulez certainement que l'adulte responsable (vous-même ou l'adulte à qui vous avez confié votre enfant) soit d'abord mis au courant. On complète donc la règle de sécurité ainsi :

Règle de sécurité : Avant de suivre (suite)
Avant de suivre quelqu'un, ou si ce qui était prévu change, tu avertis la personne responsable avant d'agir.

Ce complément est particulièrement adapté aux enfants pleins d'initiative.
Voici deux jeux de rôles pour intégrer ces notions :

Jeu de rôles : Avant de suivre…
Imaginons que je suis un de tes copains. Ta maman est là-bas à la maison. *L'adulte indique à l'enfant qui – ou quel endroit – représente la sécurité.*

Tu te souviens qu'avant de suivre quelqu'un, tu demandes la permission à la personne responsable *(ou « tu avertis d'abord la personne responsable », pour les plus grands).*

— Salut, ça va ? Tu sais quoi, ma chatte a eu des petits ; tu veux venir les voir ?
— Oui, mais je vais vite demander à ma maman.
— Allez, viens, ça prendra que cinq minutes !
— Non, je vais vite demander d'abord.
— Ne fais pas toute une histoire, après on pourra plus les voir.
— Non, je vais d'abord demander. *L'adulte guide l'enfant à s'éloigner et à aller demander la permission même si l'autre insiste.*

Voici un deuxième jeu de rôles qui montre que lorsqu'il y a un changement de plan, il faut aussi avertir l'adulte responsable ou demander la permission avant d'agir :

Jeu de rôles : Changement de plan

Imaginons que je suis ta copine Lucie et que tes parents t'ont permis de venir chez moi pour jouer à mon nouveau jeu sur l'ordinateur. Tu dois rentrer pour 5 heures.

Tu te souviens qu'avant de suivre quelqu'un ou si le plan change, tu avertis la personne responsable avant d'agir.

— Oh mince ! Mon ordinateur ne marche pas. Il faudra que tu reviennes quand on l'aura réparé. Si on allait faire du vélo dans la forêt ?

— Bonne idée, mais il faut que je téléphone à mon père pour l'avertir *(ou « Bonne idée, mais on ferait mieux de le dire à tes parents »)*.

— Mais ils n'en sauront rien !

— Justement !

— Allez, viens ; t'as pas besoin de leur permission.

— Non, mais je veux les avertir.

— Bon, d'accord.

Voici une variante de ce jeu de rôles qui aide l'enfant à déterminer à quel moment il y a un changement de plan :

Jeu de rôles : Changement de plan (suite)

— Oh mince ! L'ordinateur ne marche pas. Et si on jouait à *Puissance 4* ?

Dans ce cas, faut-il avertir un adulte ? Non, car tes parents t'ont permis de jouer chez ta copine. Le plan n'a pas changé.

— Et si on invitait Max et Julien ?

— Oh oui, mais allons demander à tes parents d'abord.

Ici, le plan change, il faut donc avertir l'adulte responsable.

— J'en ai marre de jouer à *Puissance 4*. On monte jouer dans ma chambre ?

— OK !

Le plan ne change pas ; il n'y a pas besoin d'avertir.

— Et si tu restais jusqu'à 6 heures ?

— J'aimerais bien, mais il faut que je téléphone à ma mère. Tu vas d'abord demander à la tienne ?

Vous pouvez adapter ce jeu de rôles en fonction de vos attentes : dans quelles circonstances désirez-vous que votre enfant considère qu'il y a un changement de plan et vous avertisse ?

Je considère personnellement qu'il y a un changement de plan lorsqu'un des éléments ci-dessous est clairement modifié :

- le lieu : par exemple, quitter la maison de Lucie pour aller à la forêt. Il n'y a pas de changement de plan si l'on passe de la cuisine à la chambre de Lucie !
- la durée : par exemple, rentrer à 18 heures au lieu de 17 heures. Il n'y a pas de changement de plan si l'on a cinq minutes de retard !
- les personnes présentes : par exemple, on invite Max et Julien. Il n'y a pas de changement de plan si on décide de jouer avec la petite sœur de Lucie.

Il est difficile pour un enfant de s'opposer à l'énergie positive d'une personne qui le pousse à agir sans avertir ou demander la permission préalable. Dans les jeux de rôles, l'adulte doit être très enthousiaste et insistant, de manière à ce que l'enfant puisse s'exercer à respecter les règles de sécurité même dans ce contexte.

Question pour affiner l'apprentissage :

♦ Pourquoi ne pas laisser l'enfant suivre d'abord et avertir après ?

Cette règle n'a pas uniquement un but informatif à l'intention des parents. Elle possède également un aspect préventif ; avec l'information qu'il reçoit, le parent peut accepter ou non que son enfant suive une personne en fonction de la situation. Il est de la responsabilité de l'enfant de suivre les règles de sécurité. Mais il est de notre responsabilité de parent de prendre les mesures qui s'imposent si une situation ne nous apparaît pas suffisamment sûre pour notre enfant. J'encourage donc les parents à exiger de leurs enfants qu'ils les avertissent avant d'agir.

Rappelons encore que vous pouvez choisir certaines personnes que l'enfant peut suivre sans vous avertir d'abord. Ainsi le meilleur copain, celui que votre enfant voit tout le temps, peut éventuellement faire partie de ces personnes ; votre enfant peut alors vous avertir dès qu'il est arrivé chez son copain.

Compléments pour les préadolescents et les adolescents

La règle pour les plus grands est aussi valable pour les préadolescents et les adolescents.

On peut expliquer aux jeunes que, pour arriver à ses fins, l'agresseur a besoin d'isoler sa victime. Quel meilleur moyen d'isoler que d'amener le jeune à venir de lui-même dans un endroit où personne ne sait qu'il se trouve ?

D'ailleurs cette règle n'est pas uniquement valable pour les jeunes. En tant qu'adulte, si cela est possible, mieux vaut dire à quelqu'un où l'on se trouve, surtout en cas d'imprévu. Savoir que cette règle est valable aussi pour nous, adultes, ou mieux encore, nous voir la mettre en pratique, aide les préadolescents et les adolescents à reconnaître l'importance de cette règle.

ET S'IL Y A UNE SITUATION D'URGENCE ?

• Quelles sont les situations d'urgence ?

Lorsque l'enfant vit une situation d'urgence, les règles de sécurité vont être nuancées.

Précisons d'abord que l'urgence n'est pas créée par l'imminence d'une agression ; les règles de sécurité sont dans ce cas appliquées comme d'habitude.

De plus, les règles de sécurité ne sont nuancées que si l'urgence concerne directement l'enfant.

Des exemples pratiques permettent de présenter ces concepts aux enfants :

Jeu de rôles : Les situations d'urgence

Dans certains cas d'urgence, les règles de sécurité vont changer. Il s'agit de situations où l'urgence te concerne directement.

Imaginons que je suis un enfant. Je tombe et je me blesse la cheville. *L'adulte mime en parlant.*

Une inconnue vient vers moi pour m'aider. Penses-tu qu'il faut que je m'éloigne pour garder une distance de sécurité ? Non, j'ai une urgence ; je me suis fait mal.

On se rappelle que la plupart des gens sont gentils. Si je me fais mal, je peux regarder autour de moi et choisir la personne à qui demander de l'aide. Je choisis quelqu'un qui me semble sympathique, qui me donne un bon sentiment. Par exemple, une femme avec des enfants.

— Pouvez-vous m'aider, s'il vous plaît ? Je me suis fait mal.

Je vais ensuite penser à l'endroit sûr le plus proche que mes parents m'ont indiqué *(ou pour les plus grands : « Je vais repenser à mon plan de sécurité »)*[1].

— Pouvez-vous m'accompagner jusqu'à mon école, s'il vous plaît ?

Dans ce jeu de rôles, on donne à l'enfant les moyens de se faire aider efficacement malgré la situation de faiblesse dans laquelle il se trouve. Le jeune définit clairement sa demande d'aide ; il n'est pas à la merci des idées de l'inconnu.

Il faut distinguer les cas où l'urgence concerne l'enfant de ceux où l'urgence concerne quelqu'un d'autre, même si cette autre personne est un proche :

Jeu de rôles : Les situations d'urgence (suite)

Imaginons que tu es à la sortie de l'école. Ta maman doit venir te chercher. À la place, tu vois arriver une connaissance. *L'adulte mime le fait d'arriver rapidement en voiture.*

1. Voir « Où sont les endroits sûrs ? », p. 59 et « Avoir un plan de sécurité », p. 60.

— Émilie, viens vite ! Ta maman a eu un accident ; elle est à l'hôpital. On doit vite y aller, monte !

Est-ce que c'est toi qui es blessée et qui as une urgence ou est-ce que c'est ta maman ? Oui, c'est ta maman. Tu suis donc les règles de sécurité comme d'habitude.

Vu que tu me connais, tu peux t'approcher de moi, me parler, mais tu ne me suis pas sans demander d'abord la permission à l'adulte responsable.

Vers qui peux-tu aller ? *Prendre les idées de l'enfant. Par exemple, la maîtresse, le concierge, la directrice, le secrétaire, etc.*

Précisons toutefois que lorsque la personne responsable de l'enfant est blessée, ce dernier doit considérer qu'il se trouve dans une situation d'urgence. Ce n'est pas le cas dans l'exemple ci-dessus. En effet, l'enfant est encore sous la responsabilité de l'école. L'urgence ne le concerne pas directement ; il doit donc avertir la personne responsable avant de suivre une tierce personne.

Quelques questions pour affiner l'apprentissage :

♦ Mon enfant pensera tout de suite qu'il a une urgence si je suis blessé. Que faire pour l'aider à comprendre la différence ?

Les petits enfants ont souvent l'impression que si leur maman ou leur papa est à l'hôpital, c'est eux-mêmes qui sont concernés par l'urgence.

Il s'agit de reconnaître l'émotion de l'enfant tout en réaffirmant les règles de sécurité. Dans un cours, je dirais par exemple :

« Cela pourrait être dur de savoir que sa maman ou son papa est à l'hôpital. On aurait peut être envie d'y aller tout de suite. Mais rappelle-toi que, pour ta sécurité, il est important de demander d'abord l'autorisation à la personne responsable.

« Tes parents seront fiers de toi si, dans une situation difficile comme celle-ci, tu arrives à mettre en pratique les règles de sécurité.

« Cela ne prendra que quelques minutes de plus pour aller retrouver ta maman ou ton papa, et tu resteras en sécurité. »

♦ Dans notre famille, nous employons un code secret en cas d'urgence. Est-ce efficace ?

Certaines familles utilisent un code secret qui doit permettre à l'enfant de savoir s'il peut suivre quelqu'un dans une situation d'urgence.

D'après mon expérience, les petits enfants peuvent être facilement amenés à révéler le code secret. Ce dernier n'apporte donc plus la sécurité recherchée. Par exemple :

— C'était bien « rouge » le code secret ?

— Non, c'est « mouton ».

— Ah oui, c'est vrai, c'est « mouton ». Viens maintenant…

Même les plus grands ont parfois de la peine à se souvenir d'un code sous l'emprise des émotions. Sans parler du fait de le garder secret… Je recommande donc plutôt de se fier aux règles de sécurité.

♦ Comment savoir à qui demander de l'aide en cas d'urgence ?

Le meilleur allié de votre enfant pour choisir la bonne personne à qui demander de l'aide est son intuition. Il faut l'encourager à choisir quelqu'un qui lui inspire confiance, qui lui paraît gentil.

Certaines études montrent qu'il serait préférable de choisir une femme[1]. Tout d'abord, parce que la majorité des agresseurs sont des hommes. Ensuite parce qu'il semble qu'une femme s'implique davantage lorsqu'un enfant lui demande de l'aide. Un homme a tendance à déléguer le problème à une autre personne à proximité, puis à se déresponsabiliser. Une femme demande aussi de l'aide à d'autres adultes, mais par contre reste impliquée et présente jusqu'à l'arrivée des parents de l'enfant.

On peut envisager et exercer dans des jeux de rôles d'autres situations d'urgence, par exemple le cas d'un incendie ou si l'enfant est perdu. Les exemples seront choisis de manière à aider l'enfant à distinguer les urgences qui le concernent directement de celles qui concernent quelqu'un d'autre.

1. Voir *Protecting The Gift, Gavin de Becker,* New York, 1999.

• Perdu ou importuné dans un endroit public

Voici encore une autre situation d'urgence où les règles de sécurité vont être nuancées.

Si votre enfant se perd ou est importuné dans un endroit public, il va se rendre à l'endroit sûr que vous lui avez indiqué (pour les plus jeunes) ou qu'il a choisi dans son plan de sécurité (pour les plus grands). Dans certains cas, l'enfant va devoir demander de l'aide à des inconnus. À nouveau, la situation d'urgence dans laquelle l'enfant se trouve justifie ce comportement.

Rappelons ici l'importance d'indiquer clairement à son enfant les endroits où il peut aller en cas de problème, et cela pour chaque environnement où il passe un certain temps[1].

Par exemple, si vous visitez un parc d'attractions en famille, commencez par choisir un lieu de rencontre au cas où vous vous perdez. Si vos enfants sont assez grands pour aller seuls de leur côté, ils peuvent aussi se rendre à cet endroit en cas de problème. Choisissez un endroit fréquenté dans lequel se trouvent des personnes ayant la responsabilité professionnelle d'aider votre enfant en cas de problèmes (les caisses, le stand d'accueil, l'information, etc.). Il faut que votre enfant puisse retrouver facilement cet endroit.

L'enfant doit ensuite savoir choisir quelqu'un qui lui inspire confiance et demander clairement ce dont il a besoin. Il doit rester à cet endroit jusqu'à ce que vous arriviez.

1. Voir « Où sont les endroits sûrs ? », p. 59 et « Avoir un plan de sécurité », p. 60.

Voici quelques jeux de rôles pour exercer cette approche avec votre enfant. Je vous encourage à mettre en pratique ces jeux de rôles également dans les lieux mêmes où vous voulez que votre enfant sache réagir :

Jeu de rôles : Perdu dans un endroit public

Imaginons que nous faisons des courses ensemble. Tu te perds. Dans ce cas, tu dois aller aux caisses t'adresser à quelqu'un qui t'inspire confiance.

Imaginons que je suis cette personne. *L'adulte joue le rôle d'une caissière très occupée par ses clients, qui ne remarque pas tout de suite l'enfant. L'enfant prend le bras de l'adulte et dit d'une voix claire et forte :*

— Madame, je suis perdu.

— Tu es perdu ? Comment t'appelles-tu ?

— Philippe. Est-ce que vous pouvez appeler ma maman dans les haut-parleurs, s'il vous plaît ?

— Oui bien sûr ! Viens avec moi à l'arrière du magasin, on va l'appeler.

— Non, ma maman m'a dit de rester là.

— D'accord, on va rester ici. Je vais appeler une collègue.

On peut aussi enchaîner avec un adulte insistant :

Jeu de rôles : Perdu dans un endroit public (suite)

— Tu dois venir avec moi !

— Non, ma maman m'a dit d'attendre ici.

L'adulte insiste en tirant l'enfant par le bras :

— Non, tu viens avec moi !

L'enfant dégage son bras et crie : « Non, MAMAN ! »

Si un enfant crie « maman » ou « papa » dans un lieu public, toutes les mamans et tous les papas vont se retourner. L'enfant aura l'attention nécessaire pour rester en sécurité et se faire écouter.

Quelques questions pour approfondir l'apprentissage :

♦ Pourquoi mon enfant ne peut-il pas suivre la caissière ?

Un enfant perdu est plus vulnérable. Il est important qu'il sache s'approcher d'un inconnu, lui demander de l'aide, mais il est aussi important qu'il ne suive pas cet inconnu. Il est plus sûr que l'enfant reste dans l'endroit fréquenté que vous lui aurez indiqué. Cela garantit la présence d'autres adultes qui peuvent l'aider en cas de problèmes.

♦ Mon enfant peut-il donner des indications personnelles à un inconnu s'il est perdu ?

Un enfant doit pouvoir donner certaines indications personnelles s'il est perdu ; en particulier, il peut donner son prénom.

Si votre enfant sait retrouver l'endroit sûr que vous lui avez indiqué, cette information est normalement suffisante. Il est cependant utile parfois de pouvoir aussi donner un numéro de téléphone ou de téléphone portable pour atteindre directement le parent.

Si votre enfant ne retrouve pas l'endroit sûr que vous lui avez indiqué, il est important qu'il sache comment vous atteindre. On lui apprendra donc plusieurs manières de vous retrouver : votre numéro de téléphone portable, votre nom de famille, votre adresse, votre numéro de téléphone. Votre enfant utilisera ces données, l'une après l'autre, jusqu'à ce que vous soyez avertis.

♦ Mon enfant retrouvera-t-il l'endroit sûr que je lui aurai indiqué ?

Les petits enfants ont besoin de s'entraîner à retrouver l'endroit sûr. N'hésitez pas à faire l'exercice en situation.

Par exemple, dans un magasin, demandez à votre enfant de vous montrer ce qu'il ferait s'il était perdu. Suivez-le jusqu'aux caisses. Demandez-lui ensuite de vous montrer vers qui il irait demander de l'aide. Discutez son choix avec lui (cette personne te semble sympathique, gentille, a un beau sourire, tu as choisi une femme, etc.). Si l'enfant choisit un endroit isolé ou une personne qui ne vous inspire pas confiance, guidez-le vers un autre endroit ou indiquez-lui une autre personne.

Vous aidez ainsi votre enfant à développer son instinct naturel.

Voici un jeu de rôles pour un enfant un peu plus grand :

Jeu de rôles : Importuné dans un endroit public

Imaginons que tu te promènes dans un magasin. Tu remarques que quelqu'un te suit. Un bon endroit pour aller demander de l'aide est aux caisses. Tu choisis une caissière qui te paraît sympathique.

Imaginons que je suis cette caissière et que tu viens me demander de l'aide.

— Madame, j'ai un problème ; il y a un monsieur là-bas qui me suit.

— Écoute, ce n'est pas mon problème. Je suis très occupée !

L'adulte guide le jeune à insister :

— Je me sens vraiment mal à l'aise. J'ai besoin que vous appeliez la sécurité.

— Écoute, je n'ai pas le temps !

— Mes parents font leurs achats ici. Vous allez avoir des problèmes avec eux si vous ne m'aidez pas !

— Bon, bon, d'accord. Tu veux que je fasse quoi ?

— Appelez la sécurité. J'aimerais aussi téléphoner à mes parents.

Il faut parfois user de pression pour faire bouger les gens…

SEUL À LA MAISON

Si votre enfant doit rentrer à la maison avant vous, évitez de lui mettre la clé trop visiblement autour du cou. Mieux vaut ne pas montrer à tout le monde qu'il sera seul à la maison.

Il est clair qu'on devrait éviter de laisser un petit enfant seul. Mais en grandissant et en devenant plus autonomes, vos enfants auront certainement l'occasion d'être parfois seuls à la maison. Quelles attitudes devons-nous leur apprendre à adopter au cas où quelqu'un frappe à la porte ou que le téléphone sonne ?

Les principes qui suivent visent en premier lieu les enfants dont la maturité est suffisante pour rester seuls à la maison. Vous pouvez cependant les transmettre aussi aux plus petits dans l'éventualité d'une circonstance exceptionnelle qui les amènerait à se retrouver seuls à la maison.

• On frappe à la porte

Si un inconnu frappe à la porte, il vaut mieux que l'enfant n'ouvre pas ; cependant, pour sa sécurité, il est préférable de montrer que le logement n'est pas vide. Nous évitons ainsi qu'un voleur, croyant la maison inoccupée, s'introduise chez vous et soit surpris d'y trouver un enfant. Nous savons à quel point les réactions d'une personne sous l'effet de surprise peuvent être imprévisibles. L'enfant va donc apprendre à parler à travers la porte fermée sans jamais dire qu'il est seul.

Si la personne qui sonne est connue de l'enfant, mais que sa visite n'était pas prévue, je recommande d'adapter les règles en fonction de l'âge de l'enfant.

Pour un petit enfant, il ne doit y avoir que peu de personnes connues auxquelles il est autorisé à ouvrir si la visite est imprévue. Il s'agit des personnes que l'enfant pourrait suivre sans d'abord demander la permission[1]. Plus l'enfant grandit, plus on assouplit cette règle. Un adolescent utilisera son intuition pour juger de la situation.

Soyons conscients qu'un petit enfant, s'il a le droit d'ouvrir à trop de personnes, aura tendance, dans l'action, à ouvrir trop facilement : « C'est à qui déjà que je peux ouvrir ?... oh, tant pis, j'ouvre. »

1. Voir « Avant de suivre... », p. 93.

Pour la sécurité de votre enfant, il est ensuite important de lui donner la permission de mentir afin de ne pas révéler qu'il est seul à la maison. Nous inviterons l'enfant à dire : « Mes parents sont occupés, passez plus tard. »

On frappe à la porte

Si tu es seul à la maison et que l'on frappe à la porte et que ce n'était pas prévu, il vaut mieux ne pas ouvrir. Tu vas répondre à travers la porte pour montrer que la maison n'est pas vide.

Si la personne est connue, tu peux ouvrir la porte à une condition : il doit s'agir d'une personne que tu es autorisé à faire entrer même si c'est imprévu. Il s'agit des mêmes personnes que celles que tu peux suivre sans permission. *Rappeler les personnes en question à l'enfant.*

Si la personne est inconnue, ou qu'elle est connue mais ne fait pas partie des personnes auxquelles tu peux ouvrir, tu vas répondre à travers la porte fermée. Tu ne vas pas donner d'indications personnelles. Dans ce cas, tu as le droit de mentir ; tu peux dire : « Mes parents (papa ou maman) sont occupés. Passez plus tard. » Il est permis de mentir lorsqu'il s'agit d'une question de sécurité. Tu vas ensuite tout raconter à quelqu'un en qui tu as confiance.

L'adulte met en place un jeu de rôles :

Jeu de rôles : On frappe à la porte

Imaginons que tu es seul à la maison. Je suis une inconnue qui sonne à la porte. *L'adulte mime.*

— Dring, dring…
— Qui est là ?

— C'est le remplaçant du facteur. J'ai un paquet pour vous ; peux-tu ouvrir, s'il te plaît ?
— Mes parents sont occupés ; passez plus tard, s'il vous plaît.
— Je n'ai pas le temps plus tard. Je veux juste te laisser ce paquet.
— Vous pouvez le laisser devant la porte.
— Ah non ! Je n'ai pas le droit. Il faut vraiment que tu ouvres.
— Mes parents sont occupés ; passez plus tard.
— Bon, d'accord, je repasse demain.
— Merci, au revoir.

On peut affiner l'apprentissage avec un autre jeu de rôles :

Jeu de rôles : On frappe à la porte (suite)

Imaginons que tu es seul à la maison et que quelqu'un que tu connais, mais qui n'était pas prévu, sonne à la porte.

Peux-tu ouvrir ? Pas forcément, c'est juste. Tu dois vérifier s'il s'agit d'une des personnes à qui tu as le droit d'ouvrir.

Imaginons que, bien que tu me connaisses, je ne suis pas une personne à qui tu peux ouvrir ; par exemple, une collègue de ta maman.

L'adulte commence le jeu de rôles et mime le fait de sonner. Il guide l'enfant à parler à travers la porte.

— Dring, dring…
— Qui est là ?
— C'est Justine, la collègue de ta maman. Est-ce que ta maman est là ?
— Elle est occupée, passez plus tard, s'il vous plaît.

— J'ai juste un dossier à prendre ; elle est au courant. Peux-tu l'appeler ?
— Elle est occupée ; passez plus tard.
— Mince alors ! Bon, je repasserai.

Quelques questions qui permettent d'affiner l'apprentissage :

♦ Mon enfant donne des réponses plus spécifiques, par exemple « Maman est sous la douche ». Est-ce aussi valable ?

Les enfants ont souvent envie de donner des réponses détaillées. Je déconseille cependant trop de spécificité, pour deux raisons :

1. La personne qui désire entrer pourrait décider d'attendre la fin de la douche… l'enfant devrait alors justifier l'attente !
2. Les personnes malintentionnées sont expertes dans la manipulation. Un enfant peut très vite être pris dans la conversation et se tromper. Par exemple, « maman est sous la douche » devient « mes parents sont sous la douche »…

Il est plus sûr d'apprendre à l'enfant une phrase type, qu'il peut répéter plusieurs fois s'il le faut. L'enfant risque moins de se tromper et d'affaiblir ainsi la crédibilité de son histoire. Cela évite aussi de donner des indications personnelles.

♦ Si la personne demande quand elle peut repasser, mon enfant peut-il donner l'heure de mon retour ?

Un enfant plus grand (environ 9 ans et plus) peut dire à quelle heure vous serez disponible, sans préciser qu'il s'agit de l'heure de votre retour. S'il n'est pas prévu que vous rentriez dans la demi-heure qui suit, il est préférable de répondre : « Je ne sais pas, repassez plus tard. »

Je recommande de ne laisser ce choix qu'aux plus grands. Il est difficile pour un petit d'évaluer le temps qu'il reste avant votre retour avant de donner sa réponse. Il est préférable qu'il réponde toujours « Je ne sais pas, repassez plus tard », même s'il connaît l'heure de votre retour.

• Le téléphone sonne

Si votre enfant est seul et que le téléphone sonne, la règle va dépendre du fait que vous ayez un répondeur ou non.

Si vous avez un répondeur, vous pouvez décider de laisser le répondeur prendre les appels lorsque votre enfant est seul à la maison. Ici, deux recommandations s'imposent :

- Évitez les messages affirmant que vous êtes absents. Il est plus judicieux d'enregistrer un message du type « vous avez atteint la famille X, nous sommes occupés pour l'instant. Laissez-nous un message et nous vous rappellerons dès que possible ».
- En laissant le volume du répondeur, votre enfant pourra entendre qui appelle. Vous pouvez deman-

der à votre enfant d'écouter les appels et, s'il s'agit de vous, de répondre. Vous avez ainsi un moyen d'atteindre votre enfant, de lui transmettre un message ou d'être sûr que tout va bien.

Certaines familles préfèrent laisser leur enfant répondre, même s'il y a un répondeur. C'est souvent le cas lorsque les enfants deviennent plus grands.

Si votre famille n'a pas de répondeur, il est préférable que votre enfant réponde afin de montrer que la maison n'est pas vide. Nous voulons à nouveau éviter qu'un éventuel voleur soit surpris par la présence de l'enfant.

Dans les cas où l'enfant répond au téléphone, il s'agit de lui apprendre à le faire en toute sécurité.

Si la personne qui appelle est un inconnu, votre enfant va apprendre à mentir en affirmant : « Mes parents sont occupés, rappelez plus tard. » Il ne va pas non plus donner d'indications personnelles.

Voici un jeu de rôles pour apprendre à répondre au téléphone :

Jeu de rôles : Le téléphone sonne

Imaginons que tu es seul à la maison et que le téléphone sonne.

— Dring, dring… *L'adulte mime le fait de téléphoner.*

— Allô !

— Bonjour, c'est la maison Tetrocurieux. Vous venez de gagner un voyage pour quatre personnes à Eurodisney. J'ai besoin de savoir combien de personnes habitent avec toi.

— Mes parents sont occupés ; rappelez plus tard.

— C'est avec toi que je veux parler. Comment t'appelles-tu ?

— Je n'ai pas envie de vous répondre.

— Tu vas perdre le concours si tu ne me réponds pas.

— Mes parents sont occupés ; rappelez plus tard.

— Tant pis pour toi ! *L'adulte raccroche.*

S'il s'agissait d'un vrai concours, la personne aurait besoin d'un interlocuteur majeur. On peut donc rassurer l'enfant en lui disant qu'il s'agit très probablement d'un faux concours.

Nous avons vu comment répondre au téléphone à des inconnus. Que faire si la personne au bout du fil est connue ?

S'il s'agit d'une des personnes que l'enfant peut suivre sans demander de permission préalable, ce dernier peut répondre ouvertement (par exemple dire qu'il est seul, à quelle heure le parent revient, etc.). Sinon, il suit les règles de sécurité comme avec les inconnus. Un adolescent utilisera son intuition pour choisir s'il veut donner des informations, et si oui lesquelles.

Jeu de rôles : Le téléphone sonne (suite)

Imaginons que tu es seul à la maison et que tu réponds au téléphone. C'est quelqu'un que tu connais.

Peux-tu lui dire que tu es seul et lui donner des indications personnelles ?

Pas forcément. Il faut savoir s'il s'agit d'une personne à laquelle tu es autorisé à répondre ouvertement. *Rappeler à l'enfant quelles sont ces personnes.*

Imaginons que je ne suis pas dans ce groupe de personnes, que vas-tu faire ? Tu vas suivre les règles de sécurité habituelles : tu ne vas pas dire que tu es seul, et tu ne vas pas donner d'indications personnelles.

— Dring, dring… *L'adulte mime le fait de téléphoner.*

— Allô !

— C'est moi, Nicole. Ça va ?

— Oui merci.

— Je peux parler à ton papa ?

— Il est occupé ; peux-tu rappeler plus tard, s'il te plaît ?

— Vers quelle heure ?

— Je ne sais vraiment pas, plus tard.

— D'accord, j'essaierai ce soir. Salut !

On peut demander aux plus grands enfants de prendre un message.

Quelques questions pour affiner l'apprentissage :

♦ Mon enfant ne risque-t-il pas d'apprendre à mentir ?

La façon dont on donne à l'enfant l'autorisation de mentir est importante. Il ne s'agit pas d'une autorisation générale ou d'une banalisation du mensonge. Deux conditions doivent être remplies pour que le mensonge soit permis :

- c'est une question de sécurité ;
- l'enfant va tout vous raconter, y compris le fait qu'il a menti pour protéger sa sécurité.

Ces deux conditions sont clairement expliquées aux enfants. Vous affirmez ainsi le caractère tout à fait exceptionnel de ces mensonges autorisés.

♦ Que faire si la personne au bout du fil insiste ?

Si la personne ne respecte pas les limites posées, il faut donner le droit à votre enfant de raccrocher.
Voici un jeu de rôles pour ce cas de figure :

Jeu de rôles : Quelqu'un insiste au bout du fil
Imaginons que tu es seul à la maison et que tu réponds au téléphone.

— Allô !

— Je fais une statistique sur les habitudes des jeunes après l'école. Peux-tu répondre à quelques questions ?

— Non merci, je ne suis pas intéressé.

— Cela prendra juste cinq minutes. Est-ce que tu aimes regarder la TV ?

— Je n'ai pas envie de vous répondre. Au revoir.

— Est-ce que tu es seul à la maison ?

Est-ce que cette personne te pose des questions personnelles ? Est-ce qu'elle insiste ? Oui, alors tu peux raccrocher.

— Non, je ne suis pas seul. Au revoir ! *L'enfant mime le fait de raccrocher.*

Sécurité et Internet

On ne peut parler de la prévention de la violence envers les enfants sans aborder la question d'Internet.

L'Internet nous ouvre des possibilités de communication et d'informations sans précédent. Les jeunes sont naturellement habiles dans l'utilisation de ces nouvelles ressources et c'est, à mon avis, heureux qu'il en soit ainsi. Le monde d'Internet n'est toutefois pas sans danger. Certaines règles de sécurité doivent être transmises aux jeunes lorsqu'ils deviennent assez grands pour surfer seuls sur Internet.

Sécurité et Internet

Si tu rencontres quelqu'un via Internet, tu vas considérer cette personne comme un inconnu, même si tu échanges souvent des messages avec elle. Lorsque tu « tchatches », tu n'as pas l'obligation de répondre aux questions et il ne faut pas donner d'indications personnelles.

Si la personne demande ton nom, vas-tu le donner ? Non ! Très bien.

Et ton âge ? Ton mot de passe ? Ton adresse ? Une photo de toi ? Le nom de ton école ? Le nom d'un prof ? Non ! Il s'agit d'indications personnelles.

Est-ce que tu peux parler du temps qu'il fait ? de ce que tu penses du dernier match de foot ? du dernier film qui est sorti ? de ton acteur préféré ? Oui.

Est-ce que tu peux accepter un rendez-vous ?

Souviens-toi de la règle : il faut toujours « avertir d'abord la personne responsable » pour les plus grands.

Est-ce que tout ce que tu reçois par Internet est vrai ? Non, pas forcément.

Que peux-tu faire si une image te dérange ou te met mal à l'aise ? Quitte le site et avertis un adulte responsable.

As-tu l'obligation de répondre à un message qui te choque ou qui te met mal à l'aise ? Non, au contraire ! Il vaut mieux ne pas répondre et en parler à un adulte en qui tu as confiance.

Il est fortement déconseillé d'accepter un rendez-vous avec une personne rencontrée sur Internet. Si toutefois vous décidez d'autoriser votre enfant à prendre un tel rendez-vous, assurez-vous que :

1. Vous accompagnez votre enfant.
2. Vous choisissez un endroit public fréquenté.
3. Vous choisissez un endroit que vous connaissez, mais qui n'est pas trop proche de chez vous.

Quelques remarques et questions de jeunes pour affiner l'apprentissage :

♦ Mais je « tchatche » depuis longtemps, je connais cette personne !

Il est vrai que l'on peut avoir une relation soutenue via Internet. La personne peut nous paraître très proche. Il faut cependant se rappeler qu'on ne peut pas savoir *qui* est derrière l'écran. Il faut donc considérer cette personne comme quelqu'un de peu connu et ne pas donner d'indications personnelles.

♦ Mais je connais cette personne, elle m'a envoyé sa photo !

Malheureusement, tu ne sais toujours pas qui est derrière l'écran, même si tu as reçu une photo. Peut-on être sûr qu'il s'agit bien de sa photo ? Non. Et même si c'est sa photo, on ne sait toujours pas qui est cette personne.

♦ De quoi est-ce que je peux « tchatcher » si je ne peux pas donner d'informations personnelles ?

Tu peux parler de tout ce qui ne permet pas de t'identifier ou de te localiser. Par exemple, si tu vas en vacances à Cannes dans le sud de la France, tu ne vas pas donner l'endroit précis. Par contre, tu peux dire que tu vas à la mer.

CHAPITRE IV

COMMENT ÉVITER LES ABUS SEXUELS ET AUTRES AGRESSIONS PERPÉTRÉS PAR DES PERSONNES CONNUES

Les agressions perpétrées par des personnes connues

• Introduction sur les abus sexuels

Nous allons maintenant examiner la question des abus sexuels.

Rappelons qu'en Suisse, une fille sur trois et un garçon sur sept sont victimes d'abus sexuels avant l'âge de 16 ans. La plupart des enfants sont pour la première fois victimes d'abus entre 6 et 12 ans. Puis vient la classe d'âge des 0 à 5 ans et enfin celle des 13 à 16 ans[1]. Ces données sont comparables dans les autres pays d'Europe occidentale, ainsi qu'au Canada et aux États-Unis.

Entre 75 % et 95 % des auteurs d'abus (cela dépend des études) sont connus de leurs victimes : membres de la famille ou de l'entourage proche de l'enfant (par exemple beau-père, père, oncle, grand-père, cousins, amis de la famille, voisins, enseignants, etc.).

Les abuseurs ne sont pas facilement identifiables. Ils appartiennent à toutes les couches sociales. Ils sont souvent socialement intégrés et charmants d'apparence.

Dans 90 % des cas, les abuseurs sont des hommes, pour la plupart hétérosexuels. Les abuseurs ont tendance à choisir des activités qui leur permettent de côtoyer des enfants ; ils ont ainsi accès à leurs victimes plus facilement.

1. Voir « Les statistiques d'agression sont-elles représentatives de la réalité ? », p. 22.

Lorsqu'on examine les statistiques d'abus sexuels, on pourrait croire, à première vue, qu'il existe un agresseur d'enfants à chaque coin de rue. Ce n'est pourtant pas le cas. La plupart du temps, un abuseur agresse plusieurs enfants avant d'être arrêté. Il ne renonce pas volontairement à son comportement. Il y a donc beaucoup moins d'abuseurs que de victimes.

L'« efficacité » des abuseurs est renforcée par le silence qui règne autour des agressions sexuelles. L'abuseur crée une situation propice à ce silence avant de passer à l'acte. Il amadoue l'enfant ainsi que l'entourage familial et social de ce dernier ; il se fait aimer et respecter pendant une période pouvant aller jusqu'à deux ans. Pendant ce temps d'approche, l'abuseur teste l'enfant par des intrusions non sexuelles. Or, la plupart des enfants qui n'ont pas appris à poser des limites peuvent être manipulés par un abuseur. Rappelons que les abuseurs sont des manipulateurs experts qui profitent de leur position d'adulte de confiance. Il est donc essentiel d'apprendre à un enfant à dire non à un toucher qu'il ne désire pas, même si ce toucher est amical et inoffensif.

Après avoir établi un climat de confiance, l'abuseur passe à l'acte. Il utilise le plus souvent la manipulation et n'use que rarement de violence. L'enfant se sent alors responsable et coupable ; il est tiraillé entre l'estime qu'il porte à l'abuseur et le fait d'être meurtri et blessé par ce dernier. L'abuseur use du statut acquis auprès de l'enfant et de son entourage pour obtenir le silence de sa victime.

Les règles de prévention se basent sur le constat suivant :

Un abus sexuel est un type de contact physique non désiré. Si un enfant réussit à mettre fin à un contact physique indésiré de type non sexuel, il pourra aussi mettre fin à un abus sexuel.

Pour lutter contre les abus sexuels, il faut donc donner aux enfants le droit et les moyens de dire non aux contacts physiques qu'ils ne désirent pas, même à ceux qui proviennent de personnes proches et appréciées de l'enfant.

Nous allons mettre en scène des jeux de rôles où l'enfant apprend à dire non à un contact physique indésiré de type *non sexuel* : par exemple, lorsque l'enfant ne désire pas être embrassé, chatouillé, bousculé, pincé, etc. Il serait en effet totalement inapproprié et inefficace de simuler un abus sexuel au nom de la prévention.

L'enfant apprend à s'affirmer, tout en restant calme, afin d'éviter d'envenimer la situation. Il s'exerce aussi à devenir plus ferme face à un adulte qui insiste.

Quelques questions qui permettent d'apporter des compléments d'information :

♦ L'abuseur est-il toujours un adulte ?

On pense souvent qu'un abuseur est un adulte. Or, un abus sexuel peut également être perpétré par un enfant. La plupart des enfants dont on a abusé adoptent un comportement de victime. Certains jeunes cependant sont tellement marqués par l'abus qu'ils en deviennent eux-mêmes abuseurs.

Même le meilleur ami qui n'a jamais posé de problème peut, s'il subit lui-même un abus et ne reçoit pas d'aide adéquate, reproduire ce qu'il vit sur votre enfant. Le but n'est pas de créer une crainte paranoïaque face à toutes les personnes qui entrent en contact avec nos enfants. Je vous encourage simplement à rester attentifs aux changements de comportement de votre enfant et/ou de ses camarades.

♦ Comment puis-je savoir si mon enfant subit un abus sexuel ?

Le meilleur moyen de déceler un abus, ou encore le mal-être qui précède l'abus, est de donner à votre enfant les moyens de communiquer avec vous. Je vous encourage à poser régulièrement la question suivante à votre enfant : « Est-ce qu'il y a quelque chose qui te préoccupe dont tu ne m'as pas encore parlé ? » Cela donne l'occasion à votre enfant, soit de parler d'un problème courant, sans gravité, soit de vous faire part d'un problème plus grave. Choisissez un moment où vous êtes disponible et où votre enfant est détendu ; l'heure du coucher crée habituellement une proximité propice à ce type d'échange.

Si votre enfant vous parle d'un abus, restez le plus calme possible. Vous êtes la personne que votre enfant aime le plus ; si vous pleurez, si vous vous énervez ou si vous êtes déçu(e), votre enfant risque de se refermer et de se taire.

Essayez d'obtenir toute l'histoire. Bien des enfants, en particulier les plus petits, pensent que leurs parents peuvent deviner leurs pensées. Ce n'est malheureusement pas le cas. On veut encourager l'enfant à s'exprimer, mais sans pour autant le forcer à parler ; un enfant a parfois besoin de temps avant de s'ouvrir complètement.

Quoi que votre enfant vous dise, croyez-le. Les fausses allégations d'abus sexuels sont rares ; elles surviennent le plus souvent dans des contextes de conflit de droit de garde de l'enfant. Vous aurez l'occasion de vérifier par la suite ses affirmations. S'il trouve le courage de s'ouvrir, il a besoin d'être cru et rassuré.

Votre enfant, en vous parlant, a mis sa confiance en vous. Il est de votre responsabilité d'agir ensuite de sorte que l'abus ne se reproduise plus. Adressez-vous aux associations d'aide aux victimes et aux autorités compétentes[1].

Même si vous avez l'impression que le mal est déjà fait, n'oubliez pas que votre réaction ainsi que l'aide que votre enfant recevra jouent un rôle déterminant quant aux conséquences de l'abus sur votre enfant. On ne peut pas effacer un abus ou une agression ; toutefois la qualité de l'aide et de l'écoute apportées à l'enfant victime est décisive pour sa reprise de confiance en lui-même et en son entourage.

Voici quelques indices auxquels vous devriez être attentifs et qui peuvent permettre de révéler un abus sexuel :

- changement de comportement ;
- problème de sommeil, cauchemars, énurésie ;
- perte ou prise de poids ;
- comportements sexuels envers d'autres enfants, dessins à caractère sexuel, remarques inadaptées à l'âge ;
- trouble de la concentration, hyperactivité ;
- peur d'être seul(e) ou d'être seul(e) avec certaines personnes ;

1. Voir « Ressources utiles », p. 199.

- intérêt exagéré ou inhabituel pour le corps d'autrui ;
- port d'habits beaucoup trop nombreux ;
- attitude exagérément affectueuse envers des inconnus ;
- refus de tendresse ;
- fugues ;
- évidences corporelles (problèmes de digestion ou d'estomac, organes génitaux blessés, etc.).

• Autres types d'agressions perpétrées par des personnes connues

Il existe d'autres types d'agressions perpétrées par des personnes que l'enfant connaît. J'aimerais mentionner ici les enlèvements, les cas de violence domestique et les agressions à l'école.

Nous reprendrons en détail ce dernier point au chapitre V.

Le cas des enlèvements par des personnes connues est un phénomène dont on parle de plus en plus. Il représente une proportion non négligeable des cas d'enlèvements d'enfants.

L'enlèvement est le plus souvent perpétré par le père ou la mère de l'enfant suite à un divorce conflictuel. La situation est d'autant plus dramatique lorsqu'il s'agit d'enlèvements internationaux, car la justice peine à retrouver les enfants.

L'enlèvement n'est pas toujours clairement reconnu au départ. L'enfant part en visite chez son parent. Ce n'est qu'à la fin du séjour, lorsque l'enfant doit rentrer à son domicile principal, que l'on se rend compte qu'il a disparu. On perd ainsi les premières heures de disparition pour agir… l'enfant peut déjà être très éloigné lorsque la justice se met en marche.

On se rend compte de la complexité de ces agressions. Si vous craignez qu'une telle situation se produise, adressez-vous aux services sociaux ou juridiques de votre région. Vous et votre enfant avez besoin d'aide.

Voici quelques suggestions pour adapter les règles de sécurité à cette problématique particulière. Il ne s'agit de solutions ni exclusives ni suffisantes, mais au contraire de pistes à suivre parallèlement avec vos démarches auprès des services compétents.

Si votre enfant passe régulièrement des moments avec le parent qui pose problème, demandez à avoir des contacts téléphoniques fréquents. Définissez clairement à l'avance l'emploi du temps de votre enfant lors de ses visites. S'il y a un changement de plan, demandez à être aussitôt averti(e)[1].

Lorsqu'il n'y a plus aucun contact avec le parent qui menace d'enlèvement, votre enfant doit appliquer les règles de sécurité comme s'il s'agissait d'un inconnu. De plus, je vous encourage à apprendre à votre enfant à se défendre physiquement en cas de danger[2].

Si vous-même ou votre enfant êtes victimes de violence domestique (physique et/ou psychologique), vous avez besoin d'aide. Quoi que l'on vous dise et quoi que l'on vous fasse, vous n'êtes pas responsable. Personne n'a

1. Voir « Avant de suivre… », p. 92 et suivantes.
2. Voir « Ressources utiles », p. 199.

le droit de vous faire du mal, ni à vous ni à vos enfants. Mais il ne suffit pas de lire un livre d'autoprotection pour que le problème disparaisse. Adressez-vous à un service d'aide.

Savoir poser des limites claires

• Principes

La meilleure arme à disposition d'un enfant contre les abus sexuels est sa capacité à dire clairement ce dont il a envie, ce dont il n'a pas envie et ce dont il a besoin. Savoir dire non est étroitement lié à la confiance en soi.

Nous verrons que les techniques de prévention des abus sexuels sont également utiles pour lutter contre certaines pressions et intimidations dont les jeunes sont la cible.

Les quatre principes pour apprendre à poser des limites

Il existe quatre principes pour apprendre à poser des limites :

1. Mon corps, mon esprit, mon temps, etc., m'appartiennent.
2. Dans certaines situations, on n'a pas le choix.
3. Si on me met mal à l'aise ou qu'on me touche, ce n'est jamais un secret.
4. Si quelqu'un me met mal à l'aise ou que j'ai un problème, je vais tout dire à un adulte en qui j'ai confiance et, si nécessaire, continuer à raconter ce qui me dérange jusqu'à ce que quelqu'un m'aide.

On enchaîne avec une explication concrète de ces principes :

Les quatre principes pour apprendre à poser des limites (suite)

À qui est-ce que ton corps appartient ? À toi-même.

Lorsqu'on se taquine, qu'on s'amuse ou qu'on se montre de l'affection, qui décide si on peut te toucher ou non ? Toi-même.

Parfois, on n'a pas le choix de se faire toucher, quand il s'agit d'une question de santé ou de sécurité.

Imaginons que tu es chez le médecin et qu'il doit te faire une piqûre, est-ce que tu as le choix ? La plupart du temps, tu n'as pas le choix car il s'agit d'une question de santé.

Imaginons que tu es à l'école ; tu es sur le point de frapper un copain. La maîtresse te prend le bras pour t'arrêter. Est-ce que tu as le choix de te faire toucher dans ce cas ? Non, car il s'agit d'une question de sécurité.

Mais imagine maintenant que le médecin ou la maîtresse te dise : « Ne dis à personne que je t'ai touché, c'est notre secret. » Est-ce que ce serait normal ? Non ! Si quelqu'un te touche ou te met mal à l'aise, ce n'est jamais un secret. Le médecin ou la maîtresse ne respecterait pas les règles de sécurité.

Si tu as un problème, tu vas en parler à quelqu'un en qui tu as confiance et, si nécessaire, continuer à raconter ce qui te dérange jusqu'à ce que quelqu'un t'aide.

Cette présentation permet d'être honnête avec les enfants. Leur dire uniquement qu'ils ont le droit de dire « non » diminuerait l'impact du message de prévention ;

les enfants verraient d'eux-mêmes que, dans certaines situations, ils n'ont pas le choix. Cette confusion pourrait empêcher les enfants de s'affirmer dans une situation où leur sécurité est en jeu.

L'enfant a le choix d'être touché ou de ne pas l'être lorsqu'il s'agit de se montrer de l'affection, de s'amuser ou de se taquiner. Les adultes aussi d'ailleurs ont ce choix ; toutes les personnes impliquées doivent être d'accord. C'est l'apprentissage du respect de soi-même et de l'autre. Par exemple, il ne suffit pas que mon fils veuille s'amuser à me sauter sur le dos pour qu'il puisse le faire ; je dois aussi être d'accord.

Par contre, l'enfant n'a souvent pas le choix s'il s'agit de sa santé ou de sa sécurité. On peut exiger d'un enfant qu'il nous donne la main pour traverser la route ou qu'il aille prendre un bain. Il faut par contre éviter de le forcer à faire un bisou à tante X ou à l'ami Y. Il s'agit ici d'une marque d'affection ; l'enfant doit pouvoir décider. Si l'on exige de l'enfant une marque d'affection, on contredit les principes de sécurité qui permettent à l'enfant de s'affirmer en cas d'abus.

Cela nous renvoie au principe de base :

La sécurité et le bien-être d'un enfant sont plus importants que l'embarras, le dérangement ou l'offense de quiconque.

Certains concepts d'éducation peuvent devenir dangereux si l'enfant les applique à la lettre dans toutes les situations. Je vous encourage à revoir certains messages éducatifs comme, par exemple, « dis bonjour, fais un bisou, sois poli, ne fais pas mal, etc. ».

Voici quelques suggestions qui permettent de prendre en compte la sécurité des enfants :

- Laisser l'enfant en bas âge (en dessous de 5 ans) choisir à qui il dit bonjour. Il développe ainsi son instinct et apprend à reconnaître ce qu'il ressent face à un adulte connu ou inconnu.
- Laisser à l'enfant le choix de donner ou non une marque d'affection, comme un bisou par exemple.
- Donner à l'enfant le droit d'être ferme et de s'affirmer.
- Donner à l'enfant le droit de faire mal si sa sécurité en dépend.

En tant que parent ou enseignant, le but n'est pas de se culpabiliser face aux erreurs passées ; il s'agit de se responsabiliser. Posez-vous régulièrement la question de la concordance entre les messages que vous transmettez et la sécurité de vos enfants. Vous choisirez ainsi ce que vous voulez transmettre à vos enfants plutôt que d'appliquer des concepts éducatifs par habitude ou par pression sociale.

• Jeux de rôles

Nous allons présenter les principes des deux sections précédentes dans des jeux de rôles.

Les jeux de rôles mettent en scène un toucher non désiré par l'enfant, de type non sexuel. Par exemple, l'enfant ne désire pas se faire prendre la main, caresser les cheveux, chatouiller, bousculer, etc. La façon de toucher l'enfant dans les jeux de rôles ne doit présenter aucune ambiguïté (pas de mouvements glissants, collants, etc.).

Voici l'exemple d'un jeu de rôles complet. Les différentes étapes seront reprises et expliquées un peu plus loin. Pratiquement, on exercera tout d'abord chaque étape séparément avec l'enfant.

Jeu de rôles complet : Poser des limites

Imaginons que je suis un ami de la famille :

— Ça me fait plaisir de te voir. *L'adulte tapote avec sa main sur la tête de l'enfant.*
L'enfant prend le poignet de l'adulte avec sa main, rend la main, regarde l'adulte dans les yeux et dit :
— Enlève ta main, s'il te plaît.
— Mais tu aimes bien quand je te fais ça. *L'adulte continue de tapoter sur la tête de l'enfant.*

L'enfant se lève, recule d'un pas, met ses deux mains devant lui comme un petit mur.

— Je t'ai dit d'arrêter.
— Tu ne m'aimes plus ? Tu me fais de la peine, tu sais.
— Oui, je t'aime bien, mais je veux que tu arrêtes.
— Si tu me laisses te tapoter sur la tête, je te donnerai un beau cadeau.
— Arrête ou je vais tout dire. *L'enfant est toujours debout, les deux mains devant lui comme un mur.*
— Promets-moi de ne rien dire, sinon j'aurai de gros problèmes. C'est promis ?
— Je te promets, si tu arrêtes.

L'adulte comme coach :

Et qu'est-ce que tu vas faire ? Tout dire.

On enchaîne avec la deuxième partie du jeu de rôles. Maintenant, l'adulte est quelqu'un de confiance à qui l'enfant vient raconter son histoire.

Tu viens me raconter ce qui s'est passé avec cet ami de la famille. Je suis occupée à travailler à l'ordinateur. *L'adulte mime.*

— Maman !

— Mmh ?

— Tu sais, Georges, il fait que de me tapoter sur la tête et j'aime pas.

— Mmh Hmm... *L'adulte reste concentré sur son travail.*

L'enfant pose sa main sur le bras de sa maman pour attirer son attention.

— Maman, regarde-moi ; c'est important.

— Tu ne vois pas que je suis occupée !

— Mais, c'est à propos de ma sécurité.

L'adulte arrête ce qu'il fait, se tourne vers l'enfant et dit calmement :

— Raconte-moi.

— Georges fait que de me tapoter sur la tête. Je lui ai dit d'arrêter plusieurs fois. Il m'a offert quelque chose pour me toucher et il m'a fait promettre de ne rien dire. Mais je suis quand même venu te dire.

— Je suis contente que tu sois venu me parler. Ce n'est pas normal qu'il ne t'écoute pas. On va trouver une solution.

Cette présentation introduit tous les éléments importants pour contrer les intrusions typiques d'un abus sexuel. Elle montre aussi à l'enfant l'importance d'aller chercher de l'aide.

Reprenons maintenant chaque étape. Chacune de ces étapes sera exercée séparément avec l'enfant. Quand elles sont acquises, on peut alors faire le jeu de rôles complet.

1re étape : « Ne s'aperçoit de rien »

Il n'est pas possible de lire les pensées des autres. Il peut arriver que, malgré de bonnes intentions, un adulte ne remarque pas qu'un enfant ne veut plus être touché ; il ne s'aperçoit de rien.

Dans ces situations, l'enfant apprend à demander avec son corps, son regard et sa voix, ce dont il a besoin pour se sentir bien.

Jeu de rôles : Ne s'aperçoit de rien (première étape)

Imaginons que je suis un ami de la famille et que j'adore te tapoter sur l'épaule.

— Comment ça va aujourd'hui, c'est la forme ?

L'adulte tapote sur l'épaule de l'enfant en parlant.

Si tu aimes quand je te fais cela, est-ce que tu peux me laisser faire ? Oui. Est-ce que tu as le droit de changer d'avis ? Oui.

Imaginons que tu changes d'avis et que tu n'as plus envie que je te tapote sur l'épaule. Tu vas prendre mon poignet avec ta main, me rendre ma main, me regarder dans les yeux et dire :

— Arrête, s'il te plaît.

On exerce cette première étape avec l'enfant. On veille à ce que les plus timides regardent bien dans les yeux et qu'ils aient une voix assez forte.

Rappelez-vous : vous ne cherchez pas la perfection mais le progrès. Plus vous encouragez la progression d'un enfant, plus il apprendra vite et bien[1].

2e étape : « N'écoute pas »

Une personne qui n'écoute pas n'a pas forcément de mauvaises intentions. Il peut simplement s'agir d'une personne dont l'éducation, le vécu et/ou la personnalité ne permettent pas d'être réceptif à une limite posée par un enfant.

Jeu de rôles : N'écoute pas (deuxième étape)

Imaginons que tu viens de me demander d'arrêter de te tapoter sur l'épaule, et que je dis :

— Mais tu aimes bien quand je te fais ça ! *L'adulte continue de tapoter l'épaule en parlant.*

As-tu déjà remarqué que parfois les adultes n'écoutent pas ? Oui. Parfois, il faut dire ce dont on a besoin plus fermement.

Tu vas te lever, enlever ma main de ton épaule, faire un pas en arrière, mettre tes mains devant toi comme un petit mur et me dire en me regardant :

— Je t'ai dit d'arrêter.

On donne les moyens à l'enfant de réaffirmer sa demande en posant une limite verbale *et corporelle* plus ferme.

L'essentiel de la communication entre êtres humains se fait de façon non verbale. Il faut donc apprendre à l'enfant à poser des limites aussi avec son corps : il se

1. Voir « Recommandations à l'intention du lecteur », p. 13.

lève, recule d'un pas et met ses deux mains devant lui comme un mur.

Les préadolescents et adolescents se sentent parfois mal à l'aise avec le mur à deux mains. On peut leur proposer comme alternative de mettre une main devant eux, légèrement vers le bas, en signe de stop.

Suite à ce geste, la plupart des personnes vont cesser le comportement qui met l'enfant mal à l'aise.

3e étape : « Me culpabilise »

À ce stade, l'adulte intrusif adopte un comportement manipulateur. Même si la personne n'est pas nécessairement un abuseur sexuel, elle abuse de sa relation avec l'enfant.

Jeu de rôles : Me culpabilise (troisième étape)

Imaginons que je suis un ami de la famille et que tu m'aimes beaucoup. Tu m'as dit deux fois d'arrêter de te tapoter sur l'épaule. Et je te dis :

— Tu me fais de la peine, tu ne m'aimes plus ?

Tu vas rester debout avec tes deux mains devant toi *(position prise lors de la deuxième étape)* et tu vas dire :

— Oui, je t'aime bien, mais je veux que tu arrêtes.

Nous donnons ici un trésor aux enfants ; ils apprennent qu'on peut très bien aimer quelqu'un tout en posant des limites.

Jeu de rôles : Me donne tort (troisième étape, suite)

Et si je te dis :

— Tu es vraiment malpoli !

Que peux-tu dire ?

— Je ne veux pas être malpoli, mais je veux que tu arrêtes.

Dans ces situations, même si la personne arrête de t'embêter, tu vas tout raconter à quelqu'un en qui tu as confiance.

Si la personne continue malgré tout, il y a de fortes chances qu'il s'agisse d'un abuseur potentiel.

4e étape : « Ne respecte pas les règles de sécurité »

L'abuseur peut utiliser divers moyens pour arriver à ses fins.

Jeu de rôles : Ne respecte pas les règles de sécurité (quatrième étape)

Est-ce que ton corps est à vendre ? Non !

Si quelqu'un t'offre quelque chose pour te toucher, il ne respecte pas les règles de sécurité. Tu vas rester debout, les mains devant toi comme un mur et dire : « Arrête ou je vais tout dire. »

— Si tu me laisses te tapoter sur l'épaule, je t'achète une glace après.

— Arrête ou je vais tout dire.

Un abuseur utilise souvent ce type de manipulation ; il cherche la collaboration de l'enfant. Son attitude lui permet d'une part d'éviter les cris et, d'autre part, de générer un sentiment de culpabilité chez l'enfant pour obtenir ensuite son silence.

Jeu de rôles : Ne respecte pas les règles de sécurité (suite)

Une personne ne respecte pas non plus les règles de sécurité si elle abuse de son autorité :

> — C'est moi qui décide ici ; c'est moi l'adulte. Tu me laisses te tapoter sur l'épaule !

Ici, j'abuse de mon autorité car si je te tapote sur l'épaule, c'est une marque d'affection. C'est donc toi qui as le choix d'être touché ou non. Tu vas dire :

> — Arrête ou je vais tout dire.

De même, si je dis :

> — Tu me laisses te tapoter sur l'épaule ; ça sera notre secret à tous les deux.

Est-ce que le fait de toucher peut être un secret ? Non. Et si tu te sens mal à l'aise, est-ce que cela peut être un secret ? Non. Tu vas donc te lever, mettre les mains devant toi comme un mur et dire :

> — Arrête ou je vais tout dire.

Si quelqu'un veut te toucher ou veut que tu le touches dans les parties intimes, cette personne ne respecte pas non plus les règles de sécurité. Les parties intimes sont les endroits du corps qui se trouvent sous le costume de bain.

Dans ce cas, tu vas te positionner et dire :

> — Arrête ou je vais tout dire.

Si quelqu'un te menace ou te fait peur, tu peux aussi dire : « Arrête ou je vais tout dire. »

Dans toutes ces situations, même si la personne arrête de t'embêter, tu vas tout raconter à quelqu'un en qui tu as confiance.

Affirmer « Arrête ou je vais tout dire » peut parfois poser problème pour les enfants plus grands, en particulier pour les adolescents lorsque la personne intrusive est un autre jeune. On peut proposer comme alternative « Arrête ou je m'en vais ». Si la personne abusive se trouve chez le jeune, ce dernier peut dire « Arrête ou tu vas devoir partir ».

Si un jeune choisit cette alternative et que son interlocuteur ne respecte pas la limite, il faut vraiment qu'il s'en aille ou qu'il exige de l'autre qu'il parte. Sinon, l'affirmation perd tout son impact et le danger subsiste.

Quelques questions pour affiner l'apprentissage :

♦ Mon enfant ne voit pas pourquoi il ne doit pas accepter quelque chose pour être touché. Comment lui expliquer ?

Selon mon expérience, les enfants ont plus de facilité à accepter ce concept que les adultes… Si toutefois un enfant se pose des questions par rapport au contenu de cet exercice, on peut simplement lui dire :

Pourquoi ne pas accepter quelque chose en échange d'un toucher

Il vaut mieux ne pas accepter quelque chose pour se faire toucher – ou pour faire quelque chose qui met mal à l'aise – car après on se sent mal à l'intérieur.

Il s'agit d'une réponse simple qui, tout en reconnaissant la réalité, n'entre pas dans les détails d'un abus.

♦ Pourquoi dit-on « les parties qui sont sous le costume de bain » pour définir les parties intimes ?

Je reste volontairement peu spécifique dans les cours que je donne car j'ai devant moi des enfants qui ont reçu des éducations sexuelles très diverses.

En tant que parents, vous pouvez être plus précis dans l'utilisation des termes en fonction de l'éducation sexuelle que votre enfant a reçue. Il n'y a aucune contre-indication à utiliser des termes précis pour désigner les parties sexuelles.

5e étape : « Fait promettre de ne rien dire »

À ce stade, il faut permettre aux enfants de mentir car leur sécurité en dépend. Comme déjà mentionné précédemment[1], les deux raisons qui justifient ici le mensonge sont :

- la sécurité de l'enfant est menacée ;
- l'enfant va ensuite tout raconter, y compris le fait qu'il a menti, à quelqu'un en qui il a confiance.

Ces deux conditions sont clairement expliquées à l'enfant. Vous affirmez ainsi le caractère tout à fait exceptionnel de ces mensonges autorisés.

Jeu de rôles : Fait promettre de ne rien dire (cinquième étape)

Imaginons que tu viens de me dire : « Arrête ou je vais tout dire », et que je te dis *(l'adulte prend ici un air intense*

1. Voir « Mon enfant ne risque-t-il pas d'apprendre à mentir ? », p. 115.

et méchant... il est permis de faire pour une fois un peu peur !) :

— Tu ne vas rien dire à qui que ce soit, sinon quelque chose de terrible va t'arriver. C'est compris ?

Est-ce que cela pourrait faire peur ? Oui. Ici, tu as le droit de mentir pour ta sécurité. Tu vas dire :

— Je te promets de ne rien dire, si tu arrêtes.

Et que vas-tu faire ensuite ? TOUT DIRE !

6e étape : « Raconter »

Il ne faut pas oublier d'exercer avec l'enfant le fait de raconter. En effet, il est vital pour sa sécurité qu'il apprenne à demander de l'aide.

Raconter toute l'histoire

Est-ce qu'on peut lire dans les pensées des autres ? Non.

Donc, si tu as un problème, il est important que tu racontes toute l'histoire.

Imaginons un enfant, Xavier, qui se trouve dans la situation suivante : une amie de la famille, Juliette, voulait lui tapoter sur l'épaule ; Xavier lui a dit plusieurs fois d'arrêter ; Juliette lui a promis une glace s'il la laissait faire, puis elle lui a fait promettre de ne rien dire ; Xavier va vers sa maman et lui dit : « Maman, tu sais, Juliette ton amie, je l'aime pas. »

Si sa maman lui répond : « Tu sais, elle a des problèmes ces temps ; elle n'est pas méchante », est-ce que cela veut dire qu'elle ne se préoccupe pas des problèmes de son enfant ? Non. Xavier n'a pas raconté toute l'histoire. Or est-ce que sa maman peut lire dans ses pensées ? Non, il faut qu'il lui raconte toute l'histoire.

Cette introduction permet à l'enfant de comprendre que si un adulte ne l'aide pas, il faut qu'il se pose la question suivante : « Est-ce que j'ai tout raconté ? »

Une maman nous a raconté que sa fille était venue vers elle en affirmant : « Oncle Henri est moche. » Ne se rendant alors pas compte du vrai problème, elle avait répondu : « Ce n'est pas sa faute. Tu n'as qu'à pas le regarder ! » Or sa fille se faisait abuser sexuellement par son oncle. L'enfant s'imagina que sa maman ne s'intéressait pas à ce qui lui arrivait. Elle ne lui raconta toute l'histoire que deux ans plus tard, suite à un stage d'autoprotection.

Un autre enfant affirmait être le préféré d'un de ses entraîneurs. Il était visiblement mal à l'aise par rapport à cette situation. Le parent favorisa la discussion avec son enfant et réussit à mettre fin à des attouchements sexuels commis par l'entraîneur.

Pour pouvoir aider nos enfants, nous devons non seulement rester à l'écoute mais aussi leur apprendre comment demander de l'aide en cas de problèmes.

Tout parent peut, une fois ou l'autre, ne pas écouter ou même s'énerver si son enfant l'interrompt alors qu'il est occupé, pris dans ses pensées. Il arrive aussi que l'adulte ne se rende pas compte de l'importance de la demande pour l'enfant. Il est donc nécessaire que ce dernier sache persévérer. Lorsqu'il s'agit d'une question liée aux règles de sécurité, il va apprendre à dire : « C'est à propos de ma sécurité. »

Face à une telle affirmation, vous imaginez certainement l'avalanche d'émotions et de questions qui d'un seul coup vous submerge… Que s'est-il passé ?

Malgré ces émotions, tout à fait justifiées, vous allez gagner un prix d'excellence… pour votre calme. Si vous montrez de la colère, de la peur, de la tristesse, votre enfant risque de se refermer et de ne plus parler de son problème. Vous allez garder ces émotions pour plus tard, lorsque vous pourrez les partager avec d'autres adultes. Prenez une grande respiration et écoutez calmement votre enfant.

Jeu de rôles : Raconter (sixième étape)

— Raconte-moi.

— Tu sais, Juliette, elle veut toujours me tapoter sur l'épaule. Et moi je n'aime pas.

— Tu n'aimes pas?

— Non, alors je lui ai dit d'arrêter. Et d'abord elle n'a pas écouté. Elle m'a dit qu'elle me donnerait une glace si je la laissais faire. Et je lui ai dit : « Arrête ou je vais tout dire ! »

— Est-ce qu'elle a arrêté ?

— Oui, mais elle m'a fait promettre de ne rien dire.

— Je te félicite d'être venu m'en parler. Ce n'est pas de ta faute ce qui est arrivé. Juliette ne doit pas faire cela. Nous allons trouver une solution pour qu'elle ne recommence plus.

Pour les adolescents, des compléments s'imposent à propos des demandes d'aide. Je vous renvoie à la section « Les adolescents et les demandes d'aide »[1].

Lorsqu'un enfant nous fait part d'un problème, nous devons clarifier avec lui ce qu'il attend de nous, et dans quelle mesure ses demandes sont réalisables.

1. Chapitre II, p. 63.

On partage ensuite avec lui chaque démarche entreprise pour l'aider. Selon la maturité de l'enfant, on peut l'associer à la recherche de solutions ; on renforce ainsi la confiance du jeune en sa propre capacité à gérer un problème. Il ne s'agit pas cependant de lui faire porter la responsabilité des décisions.

Le jeu de rôles est présenté ici de manière complète ; on peut varier les exercices en sautant l'une ou l'autre des étapes. On évite ainsi que l'enfant ne s'habitue à un seul type d'interaction qui se déroule toujours de la même manière.

On personnalise l'individu intrusif uniquement lorsqu'on veut aider l'enfant à s'affirmer dans une situation précise qui pose réellement problème. Si le but est simplement d'apprendre à poser des limites, la personne intrusive ne doit pas représenter quelqu'un de réel dans la vie de l'enfant. On évite ainsi que les enfants transposent le vécu du jeu de rôles à la réalité. Voici quelques exemples de personnages indéfinis : un ami de la famille, un remplaçant, une remplaçante, un copain, une copine, etc. On évite par contre : ton oncle, ta tante, ton grand-père, ton copain Yann, ton professeur de musique, ton professeur de natation.

• Pressions et intimidations

Des pressions et intimidations peuvent intervenir sous différentes formes et à plusieurs niveaux. Les jeux de rôles ne se limitent pas à la prévention des abus sexuels ; ils permettent également aux jeunes d'apprendre à dire non face à d'autres situations. Par exemple, comment dire non au vol, à la cigarette, à l'alcool, à la drogue, etc.

On adaptera les jeux de rôles en fonction de la personnalité et du vécu de chaque enfant. On proposera aussi des cas de pressions et d'intimidations par des pairs. Voici quelques variations possibles :

♦ Je ne veux pas voler…

Avec un enfant dès 9 ans environ.

Imaginons que je suis un copain. Aujourd'hui tu dois passer un test pour faire partie de notre bande de quartier.

— T'es prête pour le test ?
— Oui.
— Tu vois ce magasin là-bas ? Tu vas dedans, tu piques un CD et tu me le ramènes, OK ?
— J'ai pas envie de voler.
— Allez, vas-y ; ils ont pas d'alarme !

L'enfant se lève, fait un pas en arrière et met ses deux mains (ou une main si le jeune préfère) devant lui comme un mur. Il dit en regardant l'autre dans les yeux :

— Je t'ai dit non. *Le ton de l'enfant est calme mais ferme. Il garde sa position jusqu'à la fin du jeu de rôles.*
— J'ai cru que tu étais ma copine.
— Je suis ta copine mais je ne veux pas voler.
— Je te dis quoi. Tu vas voler ce CD et je dis à tout le monde que tu es super cool. Tu pourras devenir la cheffe de notre bande.
— Arrête ou je vais tout dire *(ou au choix de l'enfant : « Arrête ou je m'en vais »).*
— Fais pas une histoire de rien du tout ! On oublie ça. Mais tu ne dis rien à personne, compris !
— Non, je ne dirai rien si tu arrêtes.

Et que vas-tu faire ? Tout dire !

♦ Je ne veux pas d'alcool…

Imaginons que je suis un ami de la famille plus âgé que toi. Tes parents m'ont demandé de venir te chercher à la fin d'une fête et de te ramener en voiture à la maison.

L'adulte mime une arrivée bruyante en voiture. Dès qu'il sort de la voiture, on remarque qu'il est soûl :

— Allez, monte ; je te ramène chez toi !
— Non merci.
— Quoi, qu'est-ce que tu as ? Tu crois que j'ai trop bu, c'est ça ?
— Oui, je pense.
— Tu me fais plus confiance alors ?
— Si, je te fais confiance, mais je ne veux pas rentrer avec toi.
— T'en fais pas, je maîtrise ! Je te dis quoi ; je te refile un six-pack de bière si tu viens.
— Arrête ou je vais tout dire !
— Oh là, on se calme. Tu ne dis rien, sinon je vais avoir de gros problèmes !
— D'accord, si tu arrêtes.
— Bon d'accord ; je t'appelle un taxi.

Et que vas-tu faire ? Je vais appeler mes parents pour qu'ils sachent qu'il y a un changement de plan[1].

1. Voir « Avant de suivre… », p. 92.

♦ Une proximité inappropriée…

Avec une adolescente :

Imaginons que tu as fait du baby-sitting chez quelqu'un et que cette personne te ramène à la maison en voiture.

Dans cette situation, tu veux poser tes limites, mais il est plus sûr de ne pas quitter la voiture s'il s'agit d'un endroit désert ou que la voiture est en mouvement. Tu vas utiliser la technique du disque rayé : tu vas répéter ce que tu veux encore et encore. Au bout d'un moment, le message passera.

L'adulte mime le fait de conduire ; l'adolescente est assise à côté de lui. L'adulte se range sur le côté de la route et arrête le moteur :

— Quel bel endroit, tellement sauvage, n'est-ce pas ?
— Oui, c'est très beau ; vous pouvez me ramener à la maison, s'il vous plaît ?
— Oui, bien sûr. Je voulais juste te dire à quel point tu es magnifique avec les enfants. *L'adulte pose sa main sur le genou de l'adolescente.*
— Arrêtez, s'il vous plaît. Ramenez-moi à la maison.

L'adulte n'écoute pas et continue de poser sa main sur le genou ou sur l'épaule en alternance. L'adolescente répète la même chose et enlève toujours la main de l'adulte.

— Tu as des super idées…
— Ramenez-moi à la maison.
— … et tu es vraiment très sympathique.
— Ramenez-moi à la maison. Mettez les mains sur le volant et ramenez-moi à la maison.

— Tu ne sais rien dire d'autre ?

— Ramenez-moi à la maison.

— Bon d'accord. *L'adulte remet les mains sur le volant et démarre.*

Et que vas-tu faire en arrivant à la maison ? Tout raconter.

On peut aisément adapter ce jeu de rôles à une situation de camp de ski, coincé sur un télésiège... Mieux vaut utiliser la technique du disque rayé que de sauter !

J'aimerais souligner qu'il ne s'agit ici que de quelques jeux de rôles.

En posant ses limites dans les jeux de rôles, l'enfant prend confiance en sa capacité à dire « non ». Il découvre aussi que s'il dit « non » à quelqu'un, il se dit en même temps « oui » à lui-même. Et s'il peut dire « non » lorsqu'il ne désire pas quelque chose, son « oui » n'en prend que plus de valeur...

En se donnant le droit et les moyens de poser des limites, votre enfant augmente ses chances d'être bien dans sa peau. Il expérimente l'essence même de l'autoprotection : croire en soi-même.

• Compléments pour les préadolescents et les adolescents

L'adolescence est un âge de découvertes. Le jeune a besoin de liberté et, paradoxalement, ne veut pas trop se démarquer de ses copains.

Pour que les préadolescents et les adolescents acceptent notre message de prévention, nous leur expliquons que le but n'est pas de leur enlever des libertés, mais de leur donner des moyens d'évaluer les situations et de prendre de bonnes décisions.

L'estime de soi joue ici un rôle central ; un jeune qui a confiance aura naturellement tendance à prendre des décisions qui sont bonnes pour lui. D'un point de vue de la prévention, il court moins de risques de se faire agresser ou influencer négativement.

Lorsqu'il doit prendre une décision, nous aimerions que le jeune ne suive pas aveuglément ses copains, mais qu'il utilise ses propres critères pour évaluer une situation.

Aider un enfant à bâtir son propre système d'évaluation et sa confiance en lui-même est certes un travail de longue haleine. En tant que parent, nous pouvons y contribuer chaque jour de la vie de notre enfant. Nous pouvons aussi lui donner des moyens concrets pour l'aider à prendre ses décisions :

Réfléchir avant d'agir

Parfois, les copains poussent à agir sans réfléchir. Face à une décision, n'agis pas comme un mouton. Choisis toi-même ce qui est bon pour toi.

Lorsqu'on te propose quelque chose, pèse le pour et le contre :

- **Comment est-ce que je me sens :** « Est-ce que j'en ai envie ? »
- **Quelles sont les conséquences possibles :** « Est-ce que quelqu'un risque d'être blessé ? Est-ce que quelqu'un risque d'être fâché ? Est-ce que quelqu'un sait où je suis ? »

Après avoir évalué les bons et les mauvais côtés, tu peux prendre une décision qui correspond à ce que tu veux vraiment.

ÊTRE LES DÉFENSEURS DE NOS ENFANTS

Lorsqu'un enfant nous fait part d'un problème, il nous fait confiance ; il attend de nous une écoute et probablement que nous l'aidions à trouver une solution. Parfois, l'aide demandée nous propulse dans le rôle de défenseurs de nos enfants. Lorsque le problème que nous soumet l'enfant concerne sa sécurité, notre capacité à défendre sa cause n'en est que plus importante.

Être les défenseurs de nos enfants peut être aisé dans certaines situations ; en particulier, dans les cas où nous ne sommes pas directement concernés par la relation qui pose problème à notre enfant : par exemple, s'il a un problème avec un copain.

La situation devient plus compliquée lorsqu'un de nos proches pose problème. Malgré les embûches, je vous encourage à rester fidèles à votre enfant et à répondre à la confiance qu'il a mise en vous. Vous construisez ainsi une relation de dialogue qui va bien au-delà de ce problème particulier.

Le **jeu de rôles qui suit** présente un exemple de situation difficile. Je l'utilise parfois dans certains stages **pour parents et enseignants :**

Ma fille Lucie a bien grandi ces derniers temps. Elle n'apprécie plus que son grand-papa l'appelle par des petits noms du type : chouchou, lulu, mon petit cœur, mon lapin, etc.

Elle est venue me soumettre son problème et m'a demandé de parler avec son grand-papa, c'est-à-dire mon père.

— Papa, je voulais te parler de Lucie.

— Oh, je l'adore cette enfant ; elle est magnifique.
— Oui, elle t'adore aussi, tu sais. Lucie a un problème en ce moment.
— Un problème ? Ce n'est pas grave, j'espère…
— Tu sais, elle a beaucoup grandi et elle n'aime plus quand tu utilises autre chose que son prénom pour l'appeler.
— Mais elle adore quand je l'appelle par des petits noms.
— Je pense qu'elle aimait avant, mais maintenant elle a grandi et elle n'aime plus. Elle aimerait que tu l'appelles par son prénom.
— Tu fais une histoire de rien du tout. Qu'est-ce que tu es compliquée. *Le ton est agacé.*
— Je vois que tout ceci t'agace. Il est cependant important pour Lucie que tu l'appelles par son prénom.
— Je comprends ; tu es jalouse. Tu te culpabilises parce que ta mère et moi voyons Lucie quand tu travailles.
— Je vois que tu es touché, Papa. J'en suis désolée. Il est important aujourd'hui que les enfants sachent que leurs sentiments sont respectés par les personnes qu'ils aiment le plus.
— Je connais les enfants, moi. N'oublie pas que je t'ai élevée. Et t'as pas si mal tourné.

Ici, vous prenez une grande respiration en pensant aux dix ans de thérapie que vous venez de terminer.

— Je vois que tout ceci t'énerve, Papa. Mais j'ai besoin que tu arrêtes d'appeler Lucie par des petits noms ou je ne pourrai plus te la confier aussi souvent.

— Et comment que ça m'énerve ! N'en parlons plus !

— Je vois que tout ceci est difficile pour toi. J'espère qu'on pourra trouver une solution.

— J'en sais rien. Je vais en parler à ta mère.

Dans une interaction difficile, il est préférable de rester calme ; la mère reconnaît les émotions du grand-père et affirme inlassablement ce qu'elle attend de lui. Elle n'entre pas dans un mode défensif face aux commentaires de son père. Elle garde en tête le but de son intervention : défendre et soutenir sa fille qui lui a demandé de l'aide.

On voit concrètement que poser des limites n'est pas toujours facile. Changer n'est facile pour personne. Certaines personnes peuvent se sentir intimement touchées lorsqu'on leur demande de modifier leur comportement.

Cela prend parfois du temps et de l'énergie avant de trouver un terrain d'entente ou de dialogue. Il est important dans ces cas de se rappeler le principe de base :

La sécurité et le bien-être d'un enfant sont plus importants que l'embarras, le dérangement ou l'offense de quiconque.

CHAPITRE V

COMMENT FAIRE FACE À LA VIOLENCE À L'ÉCOLE

Les agressions à l'école

Les agressions à l'école sont nombreuses et diverses : intimidations, injures, coups, vols, racket, etc. Il s'agit du type de violence envers les enfants le plus répandu.

Dans le contexte scolaire, l'agresseur est le plus souvent un bagarreur. Il s'agit d'un enfant, la plupart du temps du même âge ou légèrement plus âgé que sa victime, qui importune toujours les autres.

Nous n'allons pas aborder ici les raisons qui conduisent un enfant à devenir un bagarreur. Les remarques que nous avons faites sur les agresseurs et le schéma de l'attaque restent cependant valables[1] ; elles aident à comprendre ce qui se passe dans la tête d'un bagarreur juste avant de passer à l'acte.

De nombreuses techniques apprises jusqu'ici sont également efficaces dans un contexte de violence scolaire. Par exemple : avoir une bonne attitude corporelle, marcher avec confiance et regarder autour de soi, poser des limites si on est mal à l'aise, aller chercher de l'aide[2]. Il s'agit de compléter ces règles pour tenir compte de certaines spécificités liées aux agressions à l'école. Ces compléments sont valables tant pour les petits enfants que pour les adolescents. Il suffit d'adapter le langage et le ton en fonction de l'âge de votre enfant.

Rappelons que les techniques de prévention présentées dans ce livre ne nous déchargent pas de nos res-

1. Voir « Comment l'agresseur fonctionne-t-il ? », p. 39.
2. Cf. chapitre III et chapitre IV.

ponsabilités de parents ou d'enseignants. Si nous avons connaissance d'une situation de violence envers un enfant, nous devons agir.

Avant de demander à un enfant de mettre en pratique les règles de sécurité, vous devez vous assurer que l'environnement dans lequel il évolue est suffisamment sain. Les règles de sécurité, seules, ne suffisent pas ; elles font partie d'un contexte général de sécurité où nous avons, en tant qu'adultes, notre rôle à jouer[1].

ÉVITER LE CONFLIT ET SORTIR GAGNANT

Les bagarreurs

On va maintenant voir des techniques pour contrer les bagarreurs. Un bagarreur est un enfant de votre âge ou un peu plus âgé, qui ennuie toujours les autres.

Il est particulièrement important d'avoir un bon langage du corps, une voix ferme et convaincante et un regard direct lorsqu'on s'affirme face à un bagarreur. Le manque de confiance est vite repéré. Il s'agit d'être vraiment convaincant.

On peut ajouter une démonstration pour illustrer ce point :

Être convaincant

Regarde la différence :

1. Voir « Aménager l'environnement de l'enfant », p. 54.

L'adulte adopte un bon langage du corps, un regard direct et une voix ferme et convaincante : « Arrête de m'embêter ! »

L'adulte prend ensuite une attitude corporelle fermée, regarde par terre ou sur les côtés. Sa voix est faible, hésitante, intimidée : « Arrête de m'embêter, s'il te plaît. »

On peut exercer ces deux attitudes avec l'enfant pour qu'il comprenne bien ce qui est efficace.

• Ne pas être là

Le meilleur combat est celui qui n'a pas besoin d'être livré. Savoir éviter un conflit n'est pas un signe de faiblesse, mais un signe de sagesse.

Ne pas être là
Quelle est la meilleure technique d'autoprotection ?

La meilleure technique d'autoprotection est de « ne pas être là ». On évite le conflit si cela est possible.

Même les meilleurs spécialistes en arts martiaux essayent d'éviter le combat.

Voici un exercice pour mettre en pratique ce principe :

♦ Salut, belle journée…

Imaginons que je suis une brute épaisse. Chaque fois que je te vois, je t'embête. Mais aujourd'hui tu as appris à regarder autour de toi et à montrer que tu as confiance.

— Eh toi, viens ici ! J'ai à te parler.

L'enfant répond d'une voix calme et enjouée :

— Salut, belle journée ! *(ou « Salut, à demain ! »)*

L'enfant n'attend pas que le bagarreur s'approche. Il s'éloigne avec confiance et continue d'être conscient que le bagarreur se trouve derrière lui[1].

— Viens ici, je te dis !

— Non merci. Salut ! *L'enfant ne s'arrête pas, il continue de marcher avec confiance tout en regardant autour de lui.*

L'adulte mime le bagarreur qui abandonne.

Dans cet exercice, le but n'est pas d'incarner une brute tenace qui court après l'enfant. Nous commençons par un cas où il suffit de voir venir le problème et de partir pour mettre fin à l'interaction. N'oublions pas que le bagarreur préfère une cible facile. En partant avec confiance, l'enfant n'incarne plus la victime ; il prend sa sécurité en main. Les bagarreurs deviendront plus tenaces au fil des exercices.

On remarquera aussi que l'enfant désamorce l'attaque par un ton de voix calme et enjoué ; l'énergie agressive du bagarreur n'a pas d'emprise sur l'enfant. La plupart du temps, le bagarreur en déduit qu'il ne s'agit pas de la victime parfaite qu'il recherchait…

• Ne pas se faire pousser

Un bagarreur va souvent commencer par tester les limites de sa cible afin d'évaluer les capacités de défense de cette dernière. Au départ, les actes paraissent parfois insignifiants, comme celui de se faire pousser. La régularité et la fréquence de ces vexations peuvent cepen-

1. Voir « La démarche et le regard », p. 47.

dant devenir extrêmement pénibles pour un enfant. De plus, il s'agit souvent d'une première étape qui conduit à d'autres agressions, plus graves, si l'enfant ciblé ne réagit pas correctement.

Éviter de se faire pousser

Si quelqu'un a l'habitude de te pousser, tu peux commencer par être attentif à ton entourage. Quand tu vois venir la personne, tu vas la contourner. Tu peux l'éviter en gardant une distance suffisante et en marchant avec confiance.

Parfois cependant, le problème se déplace avec toi. Dans ce cas, c'est au dernier moment qu'il faut réagir. Lorsque le bagarreur tente de te pousser, tu déplaces ton corps au dernier moment sur le côté et légèrement vers le bas. Tu t'éloignes ensuite avec confiance tout en regardant autour de toi. *L'adulte mime en parlant.*

Le bagarreur n'a pas réussi à te pousser. Même s'il veut recommencer, tu es déjà loin le temps qu'il se ressaisisse.

On exerce avec l'enfant.

Jeu de rôles : Éviter de se faire pousser

Parfois, on n'arrive pas à éviter de se faire pousser. Que peut-on faire ?

Voici un premier exemple. *L'adulte prend le rôle du bagarreur :*

— Tu ne peux pas faire attention, espèce de maladroit ?

L'adulte mime une victime parfaite, corps fermé, regard fuyant, voix faible et peureuse :

— Désolé, je suis désolé, excuse-moi…

Est-ce que vous pensez qu'on va me laisser tranquille ? Non, je ne pense pas non plus. Qui commande ici, moi ou le bagarreur ? Le bagarreur.

Essayons une autre solution. *L'adulte recommence le jeu de rôles :*

— Fais attention, gros maladroit !
— C'est qui que tu appelles maladroit, gros bêta !
— Gros nul !
— Enfoiré !

Les deux parties sont face à face, sur le point d'en venir aux mains.

On voit que la situation s'envenime. On est sur le point de se battre. Le bagarreur voulait me faire réagir. Moi, je ne voulais pas d'ennuis. Qui obtient ce qu'il veut, moi ou le bagarreur ? Le bagarreur.

Je n'ai toujours pas trouvé la bonne solution. Essayons encore. *L'adulte reprend le rôle du bagarreur :*

— Tu ne peux pas faire attention, maladroit ?

L'adulte (qui joue maintenant le rôle de l'enfant) continue de marcher avec confiance, tourne la tête en direction du bagarreur, et dit :

— Désolé ! *(ou « Excuse-moi ! »)* Il s'éloigne avec assurance et en regardant autour de lui.

Le bagarreur reste sur place et crie :

— Viens ici, trouillard !
— Non merci ! *L'adulte continue de s'éloigner en marchant avec confiance et en regardant autour de lui.*

On exerce avec l'enfant la solution efficace.

Parfois, certains bagarreurs ont de la peine à comprendre le message ; il faut dans ces cas devenir plus ferme.

Jeu de rôles : Ne me pousse pas !

L'adulte, dans le rôle du bagarreur :

— Tu peux pas faire attention !

L'adulte (qui reprend le rôle de l'enfant) s'arrête, fait face au bagarreur, met une ou ses deux mains devant lui comme un mur, regarde le bagarreur dans les yeux et dit d'une voix posée et ferme :

— Ne me pousse pas ! *Il se retourne et part en marchant avec confiance et en regardant autour de lui.* Je m'en vais maintenant !

Il est particulièrement important que l'enfant soit convaincant avec son corps, avec son regard et avec sa voix. Par exemple, un enfant qui a tendance à sourire aura l'air beaucoup moins crédible. On veut que le bagarreur se dise : « Je n'ai pas choisi la bonne personne à embêter ; il/elle n'a pas l'air facile. »

• Les mots qui blessent

Souvent, ce ne sont pas les coups, mais les injures qui font le plus mal. Les mots qui blessent ébranlent la confiance en soi et ternissent la joie de vivre. Or une personne qui perd confiance en elle augmente la probabilité de se faire choisir comme cible. Il s'agit de trouver un moyen de se protéger des mots.

La poubelle

Est-ce qu'on t'a déjà dit quelque chose qui t'a fait mal ? Par exemple, t'es nul, tu n'y arriveras jamais, je ne t'aime pas, tu es moche, etc. Parfois les mots font encore plus mal que les coups. On va voir comment enlever du pouvoir aux mots qui blessent.

Si on me dit :

— Julie, je te déteste !

Je mets ma main sur ma hanche pour former une grande poubelle. Je pousse les mots dans ma poubelle avec mon autre main et je me dis : « Moi, je m'aime. »

Il existe aussi une poubelle portative. *L'adulte mime en expliquant : la main forme un poing. Le pouce fait un mouvement comme pour pousser quelque chose entre les doigts, à l'intérieur du poing.*

Ou encore la poubelle à pied. *L'adulte plante son talon et monte l'avant du pied puis le baisse. Il répète le mouvement quelques fois comme pour écraser quelque chose.*

Les enfants peuvent très bien inventer leur propre poubelle. Ce que nous recherchons est un **geste corporel** qui accompagne la volonté d'éliminer les mots qui blessent. Imaginer une poubelle dans sa tête est difficile, même pour un adulte. Nous voulons vraiment encourager à éliminer physiquement ces mots.

Encaisser les insultes en silence ou, au contraire, évacuer les mots qui blessent modifie considérablement l'impact et les conséquences des mots blessants. Dans le premier cas, l'enfant risque de montrer qu'il est atteint. Le bagarreur va immédiatement s'en rendre compte. De plus, l'enfant perd peu à peu confiance en lui-même. Dans le deuxième cas, la confiance n'est pas touchée. L'enfant ne réagit pas, parce qu'il n'y a plus de raison de réagir. Le bagarreur n'obtient pas ce qu'il recherche et arrête d'agresser verbalement.

Voici encore quelques exemples pour pratiquer la technique de la poubelle :

Insultes :	**Réponses positives :**
Je te déteste !	♦ Moi, je m'aime.
Tu n'y arriveras jamais !	♦ Je prendrai mon temps et j'y arriverai. ♦ Je vais faire de mon mieux.
Comment peux-tu faire une erreur aussi stupide ?	♦ L'erreur fait partie de l'apprentissage. ♦ Personne n'est parfait.
Je déteste ton dessin !	♦ Moi, je l'aime. ♦ Je ne suis pas bon en dessin, mais je suis bon en gym.

Nous ne voulons cependant pas enlever le pouvoir de tous les mots, mais seulement celui des mots qui blessent. Il faut aussi apprendre à recevoir les compliments.

Les compliments

Est-ce que cela t'est déjà arrivé de mettre un compliment à la poubelle ? Par exemple, quelqu'un te dit : « Tu es très bien habillée », et tu réponds : « Oh, ce sont de vieux habits que j'ai achetés aux soldes l'année passée. » Ou encore : « Super dessin », et tu réponds : « Tu trouves, je l'ai un peu raté. »

Tu es en train de mettre les compliments à la poubelle. Or ça fait du bien les compliments. On va plutôt les mettre dans notre cœur et dire : « Merci ! »

On exerce la technique de la poubelle et celle des compliments. On cherche à personnaliser l'exercice, mais pas trop… On utilise uniquement les éléments que l'enfant nous donne sur le moment. Par exemple, même si l'on sait qu'un enfant se fait toujours traiter de « crapaud à lunettes », on pratique cette injure uniquement si l'enfant la mentionne au moment de l'exercice.

Si l'enfant n'a pas d'idée, on choisit comme injure quelque chose que l'enfant peut changer. Par exemple, on peut critiquer ses souliers, son pull, son pantalon, etc. Mais on ne va pas critiquer sa race, sa nationalité, un handicap. On évitera de même tout problème que l'enfant a, mais dont il ne parle pas sur le moment. Il arrive parfois que l'enfant ait besoin de temps pour trouver le courage de parler des mots qui le blessent vraiment.

Si un enfant s'ouvre et vous semble particulièrement touché par certains mots, vous pouvez, dans un premier temps, échanger les rôles : l'enfant vous dit les mots qui le blessent et vous les mettez dans votre poubelle. Lorsque vous sentez que ces mots ont perdu un peu de leur emprise sur l'enfant, vous pouvez faire l'exercice normalement.

On combine toujours l'exercice de la poubelle avec celui des compliments. On finit ainsi sur une note positive.

On ajoute ensuite :

La voix intérieure

Parfois, c'est aussi notre voix intérieure qui nous dit des mots qui blessent.

Par exemple, lorsqu'on se regarde dans le miroir et que l'on se dit « Quelle tête ! », quand on se trouve devant une tâche difficile et qu'on se dit « Je n'y arriverai jamais ! ».

Il faut aussi utiliser sa poubelle et répondre : « J'ai mon propre type de beauté aujourd'hui » ou encore « Je prendrai mon temps et j'y arriverai ».

On garde ainsi confiance en soi et on est beaucoup moins facile à embêter.

Maintenant que l'on se rend compte à quel point les mots peuvent faire mal, on va aussi faire attention à ce que l'on dit aux gens qui nous entourent. Au lieu de dire des mots qui blessent, on va essayer de dire des mots qui font du bien.

Voici un exercice pour mettre en pratique la technique de la poubelle dans une situation d'injures entre enfants :

Jeu de rôles : Je t'aime pas !

Imaginons que nous sommes des copains, mais que parfois tu n'es pas sympa avec moi. *L'enfant dit :*

— Je t'aime pas !

L'adulte répond avec une voix et un visage sincères :

— Merci de me le dire. *Il s'éloigne avec confiance en n'oubliant pas d'utiliser sa poubelle.* Salut, à demain !

Voyons une autre solution :

L'enfant reprend :

— Je t'aime pas !

L'adulte répond calmement :

— Je suis désolé que tu penses ça de moi. Moi, je t'aime bien. Je te parlerai plus tard, salut. *L'adulte s'éloigne avec confiance.*

Quelques compléments pour les préadolescents et les adolescents :

La poubelle est une technique qui est aussi valable pour les préadolescents et les adolescents, et même pour les adultes. Si vous l'adoptez, vous découvrirez très vite que c'est une des techniques d'autoprotection les plus utiles.

Avec les préadolescents et les adolescents, il faut avertir qu'il s'agit d'une technique qui, à la base, est prévue pour les plus jeunes. Les exercices peuvent parfois paraître enfantins, mais ça marche vraiment, même pour les adultes. On peut leur demander de faire les exercices avec nous pour qu'ils aient ensuite le choix d'utiliser ou non cette technique dans leur vie de tous les jours.

Les exemples de mots qui blessent peuvent être plus crus et plus directs qu'avec les petits enfants. Avec les adolescents, je commence par présenter les différents types d'attaques verbales. Ensuite, j'enchaîne avec la présentation de la poubelle, des compliments et de la voix intérieure. La technique de la poubelle est vue comme un moyen concret de se désensibiliser aux attaques verbales.

Voici un des exercices que j'utilise dans les cours KIDPOWER pour préadolescents et adolescents ; il complète l'exercice de base de la poubelle.

♦ Exercice des étiquettes :

On donne au jeune un stylo et plusieurs étiquettes collantes blanches.

Prenons quelques minutes pour écrire sur les étiquettes des mots ou des phrases qui t'ont fait mal. Nous allons utiliser ces étiquettes par la suite.

Collons les étiquettes sur notre épaule.

On va se mettre l'un en face de l'autre. Je vais te dire les choses que tu as mises sur tes étiquettes. Je ne le pense pas, c'est juste pour l'exercice. Toi, tu vas utiliser ta poubelle pendant que je parle, sans oublier de te répondre quelque chose de positif sur toi-même. *L'adulte s'assure que le jeune a des idées pour trouver des réponses positives avant de commencer.*

Si tu sens que cela devient trop difficile pour toi de rester sur place, tu peux reculer d'un pas, mais toujours avec une attitude confiante. Tu crées ainsi physiquement la distance émotionnelle que tu es en train de prendre.

Si c'est encore trop difficile, tu peux t'éloigner avec confiance en disant : « Merci de me le dire, on en reparle plus tard. Salut ! »

L'adulte guide régulièrement le jeune à utiliser sa poubelle, à trouver des réponses positives et éventuellement à reculer ou à s'en aller.

On échange ensuite les rôles.

J'aimerais maintenant que l'on prenne nos étiquettes dans nos mains et qu'on les chiffonne, qu'on les déchire en petits morceaux, qu'on les écrase… *L'adulte mime en parlant.*

… et qu'on jette tous ces mots qui font mal à la poubelle. *On jette les étiquettes dans une « vraie » poubelle.*

Comment dire « non » et garder ses copains

Les jeunes demandent parfois comment on peut se sortir d'une situation dans laquelle un copain propose une activité qu'on n'a pas envie de faire, sans devoir poser des limites trop clairement.

Je vous propose, ci-après, certaines alternatives. Le jeune pourra toujours affirmer plus clairement son refus s'il le désire ou si les techniques présentées ci-dessous ne suffisent pas. Ces propositions sont particulièrement appréciées par les préadolescents et les adolescents.

Comment dire « non » et garder ses copains

Voici quelques alternatives pour pouvoir dire non et garder malgré tout ses copains.

Imaginons que tu es mon copain et que tu me proposes d'aller jouer un mauvais tour à quelqu'un et que je n'en ai pas envie. Voici comment je peux m'en sortir :

> — Viens, on va attendre les petits à la sortie. On va leur faire la fête.
>
> — Mince, ma mère m'attend. Salut, à demain ! *(ou encore, « Désolé, je dois y aller. Salut ! »). L'adulte (qui joue le rôle du jeune) s'éloigne avec confiance et en regardant autour de lui.*

Ici, j'ai évalué le pour et le contre : Est-ce que j'en ai envie ? Est-ce que quelqu'un risque d'être blessé ou fâché ? Est-ce que quelqu'un sait où je suis ? *On peut ouvrir la discussion avec le jeune en examinant les réponses aux questions.* J'ai pris la décision de ne pas y aller.

Voici d'autres possibilités :

— Viens, on va faire un téléphone anonyme.

— Tu sais pas ce que Nicole pense de toi ?

— Non, quoi ?

Ici, j'attire l'attention de mon copain sur un autre sujet ; les gens sont souvent très intéressés de savoir ce que les autres pensent d'eux.

Encore une autre possibilité :

— Viens, on va piquer un CD là-bas !

— T'es fou, on sera interdit de sortie pendant une année ! J'ai une meilleure idée…

Je mime ici la catastrophe et je propose une autre activité à mon copain.

Un dernier exemple :

— Viens, on va faire les fous sur nos bécanes.

— Arrête, on va choper des petits points bleus partout et on aura des poils dans les oreilles. J'ai une meilleure idée…

J'invente ici quelque chose de farfelu et rigolo pour amener de l'humour. Je propose ensuite une autre activité.

On donne au jeune la possibilité d'exercer la technique qui lui convient le mieux.

Question pour affiner l'apprentissage

♦ Ces techniques n'encouragent-elles pas à mentir ?

Souvenons-nous qu'il s'agit d'une question de sécurité. Il vaut parfois la peine de mentir pour la préserver. Vous demanderez à votre enfant de vous parler ensuite de ces situations où il a choisi de mentir pour rester en sécurité.

♦ Ces techniques n'encouragent-elles pas à se trouver des excuses ?

Il est vrai qu'un refus est plus clair et direct. Les techniques présentées ci-dessus n'ont pas cette prétention. Elles prennent en compte d'autres éléments de la réalité des jeunes :

— Le bien-être et la sécurité d'un enfant sont aussi liés à son intégration parmi ses copains.

— Ces techniques présentent un compromis pour les cas où l'alternative considérée par l'enfant est de ne rien dire et de suivre.

— Ces techniques permettent à l'enfant d'exercer une grande présence d'esprit sur le moment. Or, lors d'une agression, la capacité à rester centré et à envisager les différentes solutions qui se présentent (quitte à mentir s'il le faut) sont de précieux atouts.

J'estime qu'il est possible d'encourager une attitude droite et directe chez son enfant, tout en nuançant ce concept éducatif lorsqu'il s'agit de sa sécurité.

BRISER LE SILENCE

Les enfants et les jeunes hésitent parfois à demander de l'aide lorsqu'ils sont victimes de violence à l'école. Les raisons sont comparables à celles évoquées dans d'autres sections à propos des demandes d'aide : culpabilité, honte, peur de ne pas être cru, peur des représailles, etc.

Ici, comme pour les autres types de violence, il est important que l'enfant sache demander de l'aide. C'est en brisant le silence que le cycle de la violence sera interrompu.

Briser le silence

Si quelqu'un te met mal à l'aise ou te fait du mal, est-ce que cela peut être un secret ? Non[1].

Quoi qu'on te dise, il est important de parler de ton problème avec un adulte en qui tu as confiance. Tu vas insister jusqu'à ce qu'il t'écoute vraiment. Si cette personne ne t'aide pas, tu vas continuer de raconter ton problème jusqu'à ce que quelqu'un t'aide.

Si quelqu'un te fait du mal, cela ne veut pas dire que tu es mauvais ou que la personne qui t'ennuie est méchante. Cela veut simplement dire que tu n'as pas eu de chance et que tu as besoin d'aide.

Il n'est jamais trop tard pour parler.

Les manières efficaces de demander de l'aide sont les mêmes que pour les autres types d'agressions. On se référera aux différentes sections qui traitent du sujet, en les adaptant au problème de la violence à l'école[2].

1. Voir « Savoir poser des limites claires », p. 130 et suivantes.

2. Voir « Aller chercher de l'aide », p. 59 et suivantes, « Comment puis-je savoir si mon enfant subit un abus sexuel ? », p. 126 et «Raconter», p. 143.

Chapitre VI

Et si la personne continue...

Introduction

Voici une série de techniques d'autoprotection qui sont valables aussi bien pour se protéger de personnes connues qu'inconnues, qu'il s'agisse d'adultes ou d'enfants.

Ces techniques sont employées lorsque l'enfant se trouve en danger, lorsqu'une agression est imminente. Elles interviennent souvent après les techniques verbales et corporelles qui sont présentées dans les chapitres précédents. Si l'attaque est immédiate, par exemple si l'agresseur s'approche rapidement de l'enfant, elles sont par contre tout de suite utilisées.

La voix

La voix représente 50 % de notre potentiel d'autodéfense.

La voix

Il existe un outil d'autoprotection que l'on a toujours avec soi. Je l'utilise en ce moment. C'est ma voix !

Avec une voix ferme et forte, je peux avertir les gens autour de moi que j'ai un problème. Je surprends aussi la personne qui veut m'embêter. En plus, crier me permet de continuer de bien respirer.

Il s'agit d'apprendre à utiliser sa voix correctement. Mettons nos mains sur notre gorge, serrons un peu et essayons de dire « Non » ! *L'adulte sort un petit « non » grinçant... pas très efficace.*

Maintenant, glissons nos mains jusque sur notre ventre et faisons venir notre voix de là :

— NON ! NON !
Voilà une voix efficace.

Quelques remarques de parents qui permettent d'affiner l'apprentissage :

♦ Mes enfants savent déjà trop bien crier

Il est vrai qu'il peut paraître étonnant de vouloir apprendre aux enfants à crier. Mais rappelons-nous qu'il ne s'agit pas de n'importe quel cri. Il s'agit d'utiliser une voix forte, ferme, qui vient du ventre, en disant « NON ! ».

De plus, on remarque que dans la quasi-totalité des agressions, les victimes perdent leur voix si elles n'ont pas appris à crier... Les agressions se passent dans le silence, ce qui profite à l'agresseur.

Il est donc important d'apprendre à l'enfant à crier de manière efficace.

♦ Mon enfant est trop timide pour crier

Apprendre à crier peut être plus long pour un enfant introverti et timide. Mais il ne s'agit pas d'une mission impossible. Il s'agit d'encourager l'enfant dans ses progrès, même les plus petits.
À un enfant qui a de la peine, je dirai :

Cela peut être difficile d'apprendre à crier, surtout si on n'en a pas l'habitude. C'est normal, quand on apprend quelque chose de nouveau, de ne pas réussir tout de suite ou de faire des erreurs. C'est pour cela qu'on s'exerce.

Si l'enfant utilise ensuite une voix à peine plus forte, je le félicite. Je reviens ensuite régulièrement sur les exercices permettant d'exercer la voix.

♦ Mon enfant est trop gêné pour crier

Les préadolescents et les adolescents expriment souvent un sentiment de gêne lorsqu'il s'agit de crier de toutes leurs forces. Face à l'embarras d'un jeune, je dirai : Cela peut être embarrassant de crier « non ». Mais c'est quoi le plus important : ne pas être embarrassé ou rester en sécurité ? Rester en sécurité. Si tu arrives à crier en étant embarrassé, tu arriveras aussi à crier si tu as peur. On peut parfois avoir l'impression qu'on va mourir de honte. Je peux t'assurer que jamais personne n'est mort de honte. Par contre, savoir crier peut faire la différence entre la vie et la mort.

Voici un jeu pour exercer la voix :

Le jeu du « non »

Nous allons jouer au jeu du « non ». *L'adulte et l'enfant se mettent l'un en face de l'autre.*

Une des personnes commence en chuchotant « non ». L'autre répond « non » à peine plus fort. À tour de rôle, les « non » deviennent de plus en plus forts jusqu'à devenir des cris.

Qui a crié le plus fort ?

Les enfants ont parfois tendance à crier fort mais trop longuement. On entend dans ce cas un cri, mais on ne comprend pas le « non » ; on pourrait croire que l'enfant s'amuse. Il est plus efficace de crier un « non » fort mais court. Il attire davantage l'attention des personnes aux alentours en cas de réel problème.

La position de sécurité

• Principe

Pour renforcer le message vocal, on va aussi apprendre aux enfants à dire « non » avec leur corps.

La position de sécurité et le signe de stop

On va maintenant apprendre à dire « non » avec notre voix et *notre corps.*

L'adulte mime en expliquant. Prenons notre main forte – la main avec laquelle on écrit, on dessine, on lance une balle – et descendons-la sur notre jambe ; poussons cette jambe en arrière. Remontons notre main forte sur la poitrine et mettons l'autre main en avant. Nos mains disent « stop » dans un langage universel.

On veut éviter d'avoir les poings fermés ou de faire des gestes de karaté ; le message corporel que l'on donne est « Stop, arrête ! » et non « Je veux me battre ! ».

Maintenant, on va faire un signe de stop : on va amener notre main forte en avant et crier « non ». On la replace ensuite sur la poitrine.

On précise à l'enfant qu'il a le droit de couper la parole à quelqu'un s'il se sent en danger.

Cette technique, combinée avec la voix, donne un message clair à l'agresseur potentiel : « Stop, je ne suis pas facile à embêter ! » L'agresseur est surpris ; il cherchait une victime facile et se trouve en face de quelqu'un qui résiste. L'enfant va utiliser cet effet de surprise :

Aidez-moi !

Après avoir fait ton signe de stop avec un « non », tu ne vas pas rester là pour admirer ton travail. Tu vas courir vers la sécurité en criant : « Aidez-moi ! »

Face à une telle réaction, l'agresseur va vraisemblablement abandonner… Comment savoir si cet enfant qui s'affirme avec sa voix et son corps ne sait pas faire autre chose… se battre par exemple !

Quelques questions pour affiner l'apprentissage :

♦ Un enfant qui crie au secours va-t-il vraiment recevoir de l'aide ?

Il est conseillé d'apprendre aux enfants à crier « Aidez-moi ! » plutôt que « Au secours ! ». Il s'agit d'une demande plus personnelle (Aidez-*moi* !).

La plupart du temps, un enfant va recevoir de l'aide ; les gens aident plus volontiers un enfant qu'un adulte. Peut-être s'agit-il d'un instinct de protection du « petit » ou d'une volonté d'aider, dans l'espoir que notre enfant soit lui aussi secouru en cas d'agression. Quelle qu'en soit la raison, la réalité montre qu'on peut raisonnablement compter sur une aide extérieure.

♦ Est-ce vraiment efficace de crier avec ce signe de stop si on a en face de soi un agresseur potentiel ?

Lorsqu'on exerce cette technique, on connaît d'avance la réaction de l'enfant. Pourtant, même dans ce cas, on ne peut s'empêcher d'être surpris. Imaginez la surprise d'une personne qui ne s'y attend pas et qui pense avoir choisi une cible facile.

Le but de cette technique est de créer une ouverture pour que l'enfant puisse fuir. L'effet de surprise permet d'atteindre ce but. De plus, la voix et le signe de stop vont dissuader la plupart des agresseurs, même lors d'interactions violentes entre adultes.

Pour les quelques cas où cette technique ne suffit pas, je recommande que l'enfant suive un stage d'auto-protection durant lequel il apprendra des techniques de frappe[1].

• L'histoire des grands requins blancs

Voici une histoire vraie, tirée du monde animal, que vous pourrez raconter à vos enfants afin de renforcer le message.

Histoire : Les grands requins blancs

Ce que nous venons d'apprendre est aussi vrai dans la nature.

C'est une histoire à propos des grands requins blancs. Ce sont les plus grands des requins. Ils peuvent atteindre une taille moyenne de 10 mètres de long pour un poids de 3 tonnes.

Un biologiste marin est passionné par ces requins. Il descend régulièrement dans une cage à requins pour observer leur comportement.

1. Voir « Ressources utiles », p. 199.

Un jour, il prend avec lui un petit robot ; il fait sortir le robot de la cage. Il remarque alors que le comportement des requins est très intéressant : lorsque le robot reste immobile, les requins s'en approchent et lui donnent des coups de dents. Par contre, lorsque le robot fait des mouvements avec ses bras en direction des requins (comme des signes de stop), les requins restent à distance et n'attaquent pas.

Après plusieurs observations semblables, le biologiste décide de tenter sa chance. Il sort de la cage. Un premier requin arrive. Le biologiste fait un signe de stop en direction du prédateur. Le requin s'en va. Un peu plus tard, deux requins arrivent ; le scientifique fait un signe de stop en direction de chacun des requins. Les deux requins s'en vont.

Puis trois requins approchent. Le biologiste se dit : « Bon, c'est assez pour mon expérience scientifique aujourd'hui ! » et il rentre vite dans la cage.

Cette histoire nous montre que même avec quelqu'un de beaucoup plus grand que soi, on peut montrer que l'on n'est pas facile à embêter.

La défense anti-ours brun proposée dans certains parcs américains et canadiens est une variante de la position de sécurité avec le signe de stop.

Voici le jeu des requins et des plongeurs. Il est spécialement adapté aux enfants de 3 à 10 ans :

Jeu : Les grands requins blancs

L'enfant joue d'abord le rôle du plongeur.

Quand je m'approche, tu vas faire un grand signe de stop avec ta main et tu vas crier « NON ! ». *Si l'enfant est petit, l'adulte exerce quelques fois avec l'enfant avant de devenir requin. L'adulte met ensuite ses mains ensemble comme une pointe et en partant d'assez loin s'approche de l'enfant comme un requin.*

— Non !
Le requin fait demi-tour et s'en va.

Il est important que l'enfant réagisse avant que le danger soit trop proche. L'adulte guide l'enfant de manière à garder constamment une distance de sécurité entre ce dernier et le requin. On peut ensuite échanger les rôles.

Après avoir suivi un atelier d'autoprotection avec son enfant de 4 ans, une mère qui avait participé nous raconta cette histoire :

« Je rentre en voiture avec mon enfant. Une guêpe entre dans l'habitacle et commence à tourner autour de mon enfant. Je suis en pleine circulation ; je ne peux m'arrêter tout de suite. Mon enfant fait un grand signe de stop en criant « non » en direction de la guêpe. Comme par miracle, la guêpe s'envole par la fenêtre. »

Voici un heureux hasard. Suite à cette expérience, l'enfant devint absolument convaincu de l'efficacité du signe de stop et de sa voix.

J'ai moi-même une histoire de « cygne » de stop :

« Je me promène avec mon fils alors âgé de 2 ans. Nous profitons d'un bel après-midi pour donner du pain sec aux canards et aux cygnes. Nous essayons tant bien que mal de jeter le pain sec suffisamment loin pour que les cygnes ne s'approchent pas trop de nous. Du haut de ses 2 ans, mon fils préfère en effet garder ces grands oiseaux (qui dépassent largement sa tête) à distance. Un jeune cygne, encore brun de duvet, mais déjà de taille adulte, n'entend pas cela de la même manière. Il décide brusquement de se diriger droit sur nous en chuintant bruyamment. Son attitude est vraiment agressive. J'attrape mon fils d'un bras et fais un signe de stop de l'autre. "Non !" Le cygne stoppe net dans sa progression. »

Mon fils me parle encore de cet épisode avec enthousiasme. Cette petite histoire lui a permis d'intégrer très jeune l'efficacité du signe de stop et de la voix.

• Position de sécurité et violence à l'école

La position de sécurité peut également être utilisée à l'école, lorsqu'une attaque est imminente. Par exemple, lorsqu'un bagarreur s'approche rapidement de l'enfant ou lorsqu'un bagarreur continue d'importuner l'enfant malgré les tentatives de mettre fin à l'interaction par d'autres techniques verbales et corporelles[1].

Voici un exercice qui permet de ressentir la dynamique qui entoure la violence à l'école et qui propose une solution.

Jeu de rôles : Bagarreurs et position de sécurité

Imaginons que je suis un bagarreur et que tu es une victime parfaite. Lorsque je m'approche, tu vas me tourner le dos, te recroqueviller et dire d'une voix faible : « Ne me tape pas, s'il te plaît, laisse-moi. » *L'adulte mime en expliquant.*

L'adulte, dans son rôle de bagarreur, gesticule en insultant : « Je vais t'avoir, petit minus, etc. »

Il n'est pas nécessaire de dire des phrases intelligibles ; il suffit de faire du bruit en adoptant une attitude de brute.

1. Cf. Chapitre V, p. 157.

Il n'y a pas de contact physique avec la victime, mais uniquement des gestes intimidants.

Jeux de rôles : Bagarreurs et position de sécurité (suite)

Maintenant je suis de nouveau le bagarreur. Cette fois-ci, tu vas réagir en commençant à gesticuler aussi et à t'énerver.

L'adulte prend son rôle de bagarreur. L'enfant répond avec le même ton de voix et la même gestuelle que l'adulte. La tension monte.

Je suis de nouveau le bagarreur. Cette fois-ci, tu vas prendre ta position de sécurité et tu vas crier « non » en faisant le signe de stop. N'attends pas que je sois trop près ; réagis dès que tu me vois arriver.

L'enfant adopte la position de sécurité avant de commencer l'exercice. L'adulte reprend son rôle de bagarreur. L'enfant crie « non ! ».

On reprend ensuite les trois cas de figure, mais cette fois-ci l'enfant incarne le bagarreur. On discute ensuite de ces situations avec l'enfant :

Qu'as-tu ressenti en tant que victime ? *Prendre les idées : faible, mal à l'aise, peur, etc.*

Qu'as-tu ressenti en tant que bagarreur face à cette victime parfaite ? *Prendre les idées : fort, envie de continuer, encouragé, etc.*

Dans le deuxième cas, as-tu ressenti comme la situation s'est envenimée ? *Prendre les idées : on allait en venir aux mains, on ne savait plus quand ça allait s'arrêter.*

Dans la troisième situation, lorsque tu as fait le signe de stop, comment t'es-tu senti ? *Prendre les idées : plus fort, je maîtrisais.*

En tant que bagarreur, qu'as-tu ressenti lorsque tu as eu le signe de stop en face de toi ? *Prendre les idées : stoppé, surpris.*
Le signe de stop brise le schéma du bagarreur. Certains bagarreurs vont en rester là et s'en aller. Mais même si le bagarreur reste, le signe de stop nous offre quelques secondes pour réagir avant que le bagarreur ne reprenne ses esprits. On va tirer avantage de l'effet de surprise pour partir en courant chercher de l'aide.
L'adulte mime la fuite en criant : « Aidez-moi ! »

Question pour affiner l'apprentissage :

♦ La position de sécurité de mon enfant n'est pas convaincante. Que puis-je faire pour la corriger ?

Lorsqu'on apprend la position de sécurité et le signe de stop aux enfants, on veille à ce que leur corps reste bien vertical. On veut éviter que l'enfant ne se penche en arrière (attitude de repli, de victime) ou en avant (attitude agressive, qui envenime).

De même, on contrôle la voix de manière à ce qu'elle soit claire et ferme. On veut éviter une voix trop faible ou suppliante (attitude de victime) ou, au contraire, trop agressive ou énervée (attitude qui envenime).

Le regard est direct. Les yeux ne doivent ni regarder en bas (attitude de victime), ni devenir trop intenses et agressifs (attitude qui envenime).

On peut mimer ces attitudes avec l'enfant pour qu'il voie de lui-même l'impact qu'elles peuvent avoir. On peut également utiliser un miroir.

N'oublions pas que nous ne cherchons pas la perfection, mais le progrès. Cela peut prendre du temps avant de trouver et d'intégrer une bonne position de sécurité.

Voici un autre exercice qui permet de mettre en pratique la position de sécurité dans un cas de violence à l'école.

Jeu de rôles : Viens te battre !

Imaginons que je suis un bagarreur et que tu ne m'as pas vu venir. Pour pouvoir te rendre à la sécurité, tu dois passer tout près de moi. Tu ne peux donc pas simplement t'en aller. *L'adulte indique une personne ou un endroit qui représente la sécurité. Puis il se tient à 3-4 mètres de l'enfant et s'approche lentement en prenant une attitude de bagarreur :*

— Viens ici qu'on se batte !

L'enfant met les mains devant lui, comme un mur, et dit avec un regard direct et une voix ferme :

— Je n'ai pas envie de me battre.

— Je t'ai dit de venir ici !

— Je t'ai dit non ! *L'enfant garde sa position et utilise une voix un peu plus forte.*

— Viens ici tout de suite !

L'enfant prend sa position de sécurité et fait un signe de stop :

— Non ! Aidez-moi ! *Il part en courant vers la sécurité.*

Comme je l'ai déjà expliqué, la position de sécurité et le signe de stop doivent être utilisés suffisamment tôt. Le but est de stopper l'agresseur avant d'être engagé dans un combat physique. Il ne s'agit pas d'une technique de frappe.

ET SI L'AGRESSEUR EST ARMÉ ?

Les agressions contre les enfants sont presque toujours perpétrées par un agresseur seul et non armé.

Je recommande cependant d'aborder la thématique des armes avec les jeunes. Ces derniers sont en effet conscients de l'existence des armes. Ils les voient à la télévision, jouent à la guerre, etc. Avec les plus jeunes, j'aborde le sujet en cas de questions. Ne pas parler des armes reviendrait à rendre le sujet tabou. Le message qu'on donnerait à l'enfant est qu'il s'agit d'une situation désespérée. Or même si le danger est accru, il est possible de s'en sortir.

Voici quelques explications sur la réalité des agressions avec armes, ainsi que la ligne de conduite à adopter au cas où l'agresseur est armé :

Et s'il y a une arme ? – dès 6 ans

Je vais te parler des armes pour que tu saches comment réagir. Mais il faut savoir qu'il est très rare que quelqu'un soit armé.

Si quelqu'un a une arme, cela peut faire peur et l'on risque d'être blessé. La plupart du temps, lorsque quelqu'un a une arme, c'est juste pour faire peur, ce n'est pas pour l'utiliser. Souvent, les personnes ne savent pas bien utiliser une arme. Même les policiers, lorsqu'ils s'entraînent à tirer sur des cibles qui bougent à 3 mètres d'eux, ratent leur coup dans 7 cas sur 10. Même si on se fait toucher par une balle, on s'en sort vivant dans 9 cas sur 10.

Si tu entends un copain qui se vante du fait qu'il possède une arme, il faut partir aussitôt que possible, quitte à mentir s'il le faut, et aller en parler à un adulte en qui tu as confiance.

Si une personne a une arme et veut quelque chose qui t'appartient, tu vas lui donner cette chose. Car c'est quoi le plus important, tes choses ou toi ? Toi !

Si cette personne veut te faire du mal, tu vas utiliser tout ce que tu as appris pour rester en sécurité : garder une distance de sécurité, crier, courir, aller chercher de l'aide, frapper.

Si ça ne marche pas tout de suite, cela ne veut pas dire que c'est de ta faute. Cela veut simplement dire que tu n'as pas eu de chance. Tu vas continuer d'essayer de t'enfuir et d'aller chercher de l'aide jusqu'à ce que tu y parviennes. Quoi qu'on te dise, quoi qu'on te fasse, nous t'aimons et avons envie de te revoir.

Si tu as des images effrayantes qui surgissent dans ta tête, essaye de trouver, parmi tout ce que tu as appris, des moyens pour rester en sécurité. Par exemple, regarder autour de soi, crier, adopter sa position de sécurité, etc.

Si tu ne trouves vraiment pas, ne reste pas avec cette peur. Va demander à un adulte en qui tu as confiance de t'aider à trouver une solution. Tu seras ainsi en sécurité non seulement dans la vie, mais aussi dans ton imagination.

Ces dernières remarques permettent aux enfants de réexaminer les images de violence qui se présentent à eux. Une situation qui a l'air désespérée au premier abord (parce qu'elle est véhiculée comme telle par un film ou une histoire que l'enfant entend) présente, la plupart du temps, des possibilités de mettre en pratique les techniques d'autoprotection.

Les enfants peuvent ainsi vaincre leurs peurs ; ils trouvent des solutions pour rester en sécurité dans leurs rêves et dans la vie.

Et s'il y a plusieurs agresseurs ?

Plus de 85 % des agressions contre les enfants sont faites par un agresseur seul et non armé. Si un enfant soulève la question, je lui réponds de la manière suivante :

Et s'il y a plusieurs agresseurs ? – dès 6 ans

Les techniques de sécurité restent valables si plusieurs personnes t'embêtent. Par exemple : marcher avec confiance en regardant autour de toi, garder une distance de sécurité, crier, aller chercher de l'aide, etc.

Si un groupe a l'air de vouloir poser des problèmes, il faut essayer de partir et aller chercher de l'aide.

Si tu ne peux pas t'en aller, reste calme et centré ; montre que tu as vu les membres du groupe, sans pour autant les dévisager.

S'ils veulent un objet qui t'appartient, donne-le.

S'ils t'insultent, ne réponds pas. Tu peux mentir si ta sécurité en dépend.

S'ils veulent te faire du mal, tu vas utiliser tout ce que tu as appris pour rester en sécurité : garder une distance de sécurité, crier, courir, aller chercher de l'aide, frapper *(si l'enfant a suivi un stage de KidPower)*.

Voici encore quelques compléments pour les préadolescents et les adolescents :

Et s'il y a plusieurs agresseurs ?
L'image que l'on se fait d'un groupe bien organisé est un mythe. La plupart des bandes agressent parce leurs membres ne savent pas quoi faire d'autre. L'attaque est spontanée et n'est donc pas orchestrée !

Il faut si possible cibler le chef de la bande. Si tu arrives à convaincre le meneur que tu n'es pas la victime qu'il leur faut, les autres suivront.

N'hésite pas à crier si tu vois un groupe se refermer sur toi. La position de sécurité et le signe de stop avec un énorme « non » ont déjà fait des merveilles.

Techniques de dégagement

En premier lieu, l'enfant essaye d'être suffisamment attentif pour réagir avant d'être physiquement bloqué. Mais s'il se fait attraper malgré tout, comment peut-il faire pour se dégager ?

Nous allons examiner ici des techniques de dégagement et non des techniques de frappe. Les techniques de dégagement, contrairement aux techniques de frappe, ne cherchent pas à blesser l'adversaire ; d'où leur champ d'application beaucoup plus large. En particulier, elles sont bien adaptées à la réalité de la violence dans le cadre scolaire.

Voici trois différents types de dégagement :

1. Si on me prend par le bras

Si on me prend par le bras, je vais prendre le poignet du bras qui est retenu avec ma main libre et je vais tirer d'un coup sec en criant : « non ! »

Si on me prend l'autre main, je fais la même chose de l'autre côté. *L'adulte mime en parlant.*

Question pour affiner l'apprentissage :

♦ Mon enfant a-t-il assez de force pour se dégager ?

Si vous avez l'impression que votre enfant n'y arrive pas par manque de force, il faut certainement corriger quelque chose. Ce dégagement n'exige pas beaucoup de force.

Tout d'abord, examinez la force avec laquelle vous retenez votre enfant. Vous ne devez pas y mettre toute votre force ; en effet, ce ne serait pas réaliste. Vous savez que votre enfant va se dégager et surtout de quelle manière il va le faire ; ce n'est normalement pas le cas d'un agresseur. Tenez donc votre enfant fermement mais sans y mettre trop de force.

Lorsque votre enfant se dégage, il doit surtout utiliser le poids de son corps pour tourner sur le côté. Vérifiez que votre enfant ne compte pas uniquement sur la force de ses bras.

L'utilisation de la voix est également importante. Elle renforce la volonté de l'enfant de se dégager et surprend l'agresseur. Encouragez votre enfant à crier fort !

2. Si on me tient les deux bras

Si les doigts de l'agresseur pointent vers le bas, je vais me dégager vers le bas. Je joins les mains, sans croiser les doigts, et je recule en mettant tout le poids de mon corps vers le bas. Je crie : « non ! » J'utilise la même technique si les doigts pointent vers l'horizontale.

Si les doigts de l'agresseur pointent vers le haut, je vais me dégager vers le haut. Je joins les mains, sans croiser les doigts, et je recule en tirant avec tout le haut de mon corps vers le haut. Je crie : « non ! »

3. Coincé contre un mur

Imaginons que tu ne m'as pas vu venir. Je te plaque contre un mur. Tu vas te baisser, passer sous mon bras et t'en aller en marchant avec confiance et en regardant autour de toi.

L'enfant exerce et dit, en partant : « Salut ! »

TECHNIQUES DE FRAPPE

Les techniques verbales et corporelles traitées jusqu'ici suffisent à mettre fin, dans presque tous les cas, à une interaction potentiellement dangereuse pour l'enfant. Les situations de danger dans lesquelles le jeune doit utiliser des techniques de frappe pour s'en sortir sont heureusement rares.

La méthode que je propose dans ce livre favorise, à tous les niveaux, l'apprentissage par la pratique : jeux, jeux de rôles, histoires et exercices permettent à l'enfant d'intégrer les règles de sécurité de façon durable et efficace. Je suis personnellement convaincue de la nécessité d'appliquer la même pédagogie à l'apprentissage des techniques de frappe. Or, un livre ne peut se substituer à un stage durant lequel l'enfant apprend à frapper de façon concrète. Je ne vais donc pas présenter de techniques physiques de frappe en détail. J'aimerais toutefois donner quelques informations complémentaires.

Les techniques de frappe enseignées dans les stages que je recommande ont été développées en fonction des caractéristiques des attaques contre les enfants. Elles permettent d'utiliser les parties fortes du jeune contre les parties faibles de l'agresseur. Leur but est de faire lâcher l'attaquant, afin que l'enfant puisse s'enfuir vers la sécurité. Certaines techniques permettent de faire face aux spécificités des attaques perpétrées par d'autres jeunes.

Dans les stages que je recommande, l'apprentissage des techniques de frappe se fait en toute sécurité, dans un état d'esprit positif et sans faire peur. Un instructeur en armure permet à l'enfant de frapper à 100 % de sa force et d'intégrer ainsi les techniques dans son corps. C'est, à mon avis, une des conditions indispensables pour que l'enfant intègre suffisamment les techniques de défense et qu'il puisse les reproduire en cas de danger.

L'encadrement des enfants est une autre raison qui motive ma décision de ne pas détailler les techniques de frappe. Il permet d'éviter que les enfants utilisent les techniques de défense à mauvais escient. C'est grâce à une longue expérience d'enseignement des techniques d'autoprotection que ces dérapages sont évités dans les stages que je recommande.

Même si, pour les raisons évoquées ci-dessus, je préfère ne pas introduire les techniques de frappe dans ce livre, j'aimerais souligner les avantages qu'un enfant tire de savoir se défendre aussi physiquement. L'apprentissage physique renforce la confiance que l'enfant a en lui-même. Lorsqu'il utilise les techniques verbales et corporelles, il est d'autant plus convaincant ; lorsqu'il crie « non » ou qu'il pose une limite, l'enfant sait qu'il pourra se faire respecter. La confiance acquise en ses capacités de défense physique se ressent dans son attitude corporelle, dans sa voix et dans son regard. Il a d'autant moins de risques de se faire agresser.

Vous trouverez quelques photos de mise en pratique des techniques de frappe au centre de ce livre. Pour obtenir plus d'informations sur le descriptif des stages que je recommande, consultez la section « Ressources utiles »[1].

1. Voir « Ressources utiles », p. 199.

Conclusion

Tout au long de ce livre, vous avez acquis des connaissances et, je l'espère, pris confiance en votre capacité à parler d'autoprotection à vos enfants. Vous avez peut-être aussi envisagé de prendre en charge votre propre sécurité.

J'aimerais vous encourager, une dernière fois, à persévérer…

… Persévérer tout d'abord dans votre volonté de garder vos enfants en sécurité. Il n'est pas toujours facile de mettre en place les conditions nécessaires pour offrir un environnement sain à vos enfants. C'est cependant en assumant cette responsabilité que vous mettez toutes les chances du côté de votre enfant.

… Persévérer dans l'apprentissage des techniques d'autoprotection. Les erreurs font partie de l'apprentissage ; c'est en se trompant et en exerçant avec vous que vos enfants apprendront les règles de sécurité. C'est par la mise en pratique régulière que vous intégrerez les principes d'autoprotection dans votre vie de tous les jours.

Soyez patients… envers vos enfants… et envers vous-mêmes !

Ressources utiles

Adresses

École d'autoprotection fondée et dirigée par Daphné Jaquet-Chiffelle

TATOUT & FIGHT BACK

Case postale 409 • CH-2002 Neuchâtel, Suisse

Tél. 0848 848 117 (depuis l'étranger : +41 848 848 117)

Fax +41 32 753 23 32

Internet www.tatout.ch • E-mail info@tatout.ch

Propose des cours d'autoprotection pour enfants, adolescents et adultes.

♦ En France

Lignes téléphoniques d'aide

Enfance maltraitée

Tél. 119

Fil santé jeunes

Mal à la vie Pouvoir en parler

Tél. 0800 235 236

SOS Violence

En période scolaire, pour les victimes ou témoins de violences à l'école.

Chaque académie possède un numéro spécial « SOS Violence » qu'il suffit de demander. Un numéro vert est toutefois disponible : 0800 230 279.

Services départementaux d'action sociale et de santé

ainsi que les Services de protection maternelle et infantile.

Se renseigner auprès de la mairie de votre ville pour les coordonnées exactes.

• Autres organismes

Institut national d'aide aux victimes et de médiation (Inavem)

4-14, rue Ferrus • 75014 Paris
Tél. 0 810 098 609
Fédération qui regroupe 150 associations d'aide aux victimes réparties dans toute la France.

Aide aux parents d'enfants victimes

22, rue Baudin • 92 130 Issy-les-Moulineaux

Inter-Service-Parents

Se renseigner par région (Paris, Colmar, Lyon, Grenoble, Metz).

♦ En Suisse

Numéro 147

Ligne nationale de Pro Juventute
Le 147 est une ligne d'aide qui s'adresse aux enfants, aux jeunes et aux adultes.

Genève

SOS-Enfants Genève

Case postale 3125 • CH-1211 Genève 3
Tél. 147
Tél. 022 312 11 12
Internet www.sos-enfants.ch

Fribourg, Jura, Jura bernois, Neuchâtel et Vaud
Telme

1, av. de Riant-Mont
Case postale 7594 • 1002 Lausanne
Tél. 147

Tél. 021 324 24 15
Internet www.telme.ch • E-mail info@telme.ch

Valais

SOS Jeunesse
Case postale 1253 • 1951 Sion
Tél. 147

• Services cantonaux d'aide aux victimes ou centres de consultation LAVI
Aide, soutien et information aux victimes de violences.

Fribourg

Centre LAVI pour enfants et adolescents
1, rue Hans-Fries
Case postale 29 • 1705 Fribourg
Tél. 026 305 15 80

Genève

Centre de consultation pour victimes d'infractions (LAVI)
40, rue du Stand • 1204 Genève
Tél. 022 320 01 02

Jura

Service social régional (service d'aide aux victimes et protection de la jeunesse)
1, rue de la Jeunesse • 2800 Delémont
Tél. 032 420 72 72

Jura bernois

Service d'aide aux victimes (LAVI)
4, rue de l'Arpent • 2502 Bienne
Tél. 032 322 56 3

Neuchâtel

Centre LAVI

1, rue J.-L. Pourtalès • Case postale 2050 • 2001 Neuchâtel
Tél. 032 889 66 49

Valais

Centre LAVI

25, rue du Rhône • 1950 Sion
Tél. 027 323 15 14

Vaud

Centre LAVI

2, Place Bel-Air • 1003 Lausanne
Tél. 021 320 32 00

• Offices des mineurs et Services de protection de la jeunesse

Fribourg

Office cantonal des mineurs

30, bd de Pérolles • 1700 Fribourg
Tél. 026 347 27 37

Genève

Service de protection de la jeunesse (SPJ)

8, rue Adrien-Lachenal • 1207 Genève
Tél. 022 700 75 75

Jura bernois

Office de la Jeunesse

49, rue Centrale • 2502 Bienne
Tél. 032 326 15 45

Neuchâtel

Office des mineurs

36, fbg de l'Hôpital • 2000 Neuchâtel
Tél. 032 889 66 40

Valais

Office cantonal pour la protection de l'enfant

29, avenue Ritz • CH-1950 Sion
Tél. 027 606 48 40

Vaud

Service de protection de la jeunesse (SPJ)

Bâtiment administratif la Pontaise
2, avenue des Casernes • 1014 Lausanne
Tél. 021 316 53 10

• Autres organismes

Fribourg

ASADE (Adultes sexuellement abusés durant l'enfance)

Case postale 114 • 1701 Fribourg
Tél. 079 230 24 11

Solidarité Femmes

Centre LAVI
Case postale 1400 • 1701 Fribourg
Tél. 026 322 22 02
Service d'aide pour les femmes victimes de violences et pour leurs enfants.

Genève

CTAS (Centre de consultation pour les victimes d'abus sexuels)

36, bd Saint-Georges • CH-1205 Genève

Tél. 022 800 08 50
Internet www.ctas.ch • E-mail ctas@bluewin.ch

Solidarité Femmes
46, rue de Montchoisy • 1207 Genève
Tél. 022 797 10 10

Viol-Secours
3, place des Charmilles • 1203 Genève
Tél. 022 345 20 20

Jura bernois :

Solidarité Femmes
12, rue du Contrôle • 2503 Bienne
Tél. 032 322 03 44

Association Droit à l'Enfance
Case postale 3503 • 2500 Bienne 3
Tél. 079 786 49 70
Aide aux enfants et aux adolescents abusés sexuellement ainsi qu'à leurs familles. Aide aux adultes abusés sexuellement dans leur enfance.

Neuchâtel

Solidarité Femmes
8, place du Marché • 2302 La Chaux-de-Fonds
Tél. 032 968 60 10

SAVAS (Service d'aide aux victimes d'abus sexuels)
90, avenue Léopold-Robert • Case postale 293 • 2300 La Chaux-de-Fonds
Tél. 032 919 66 52

Vaud

Familles solidaires
2, place Bel-Air • CH-1003 Lausanne
Tél. 021 320 26 26

Aide aux enfants et aux adolescents abusés sexuellement et à leur famille.

Faire le Pas : parler d'abus sexuels

38, rue du Petit-Chêne • 1003 Lausanne
Tél. 0848 000 919
Écoute et soutien pour les adultes abusés sexuellement dans leur enfance.

DIS NO

Case postale 5202 • 1002 Lausanne
Tél. 0840 222 999
Internet www.disno.ch

♦ En Belgique

• Lignes téléphoniques d'aide

Écoute Enfants

Division des affaires sociales
1, square Albert Ier • 6700 Arlon
Tél. 103
Internet www.province.luxembourg.be/social/ecouteenfants.html • E-mail das@province.luxembourg.be
Service d'aide qui s'adresse aux enfants, aux adolescents, aux parents et aux enseignants.

Child Focus

Centre européen pour enfants disparus et sexuellement exploités
292, avenue Houba-de-Strooper
1020 Bruxelles
Tél. 110
Internet www.childfocus.org

• **Autre organisme**

SOS Enfants

Délégué général aux droits de l'enfant
11, rue de l'Association
1000 Bruxelles
Tél. 02 223 36 99
Internet www.cfwb.be/dgde/ • E-mail dgde@cfwb.be

♦ **Au Québec**

• **Lignes téléphoniques d'aide**

Tel-jeunes

Tél. 1 800 263-2266
à Montréal : (514) 288-2266
Ligne d'appel pour les 5 à 20 ans.

La ligne parents

Tél. 1 800 361-5085
à Montréal : (514) 288-5555

Association des Centres Jeunesse du Québec

1001, bd de Maisonneuve Ouest
Bureau 410
Montréal, Québec, H3A 3C8
Tél. (514) 842-5181
Internet www.acjq.qc.ca • E-mail creid@ssss.gouv.qc.ca

Cette association regroupe 17 Centres Jeunesse qui ont pour mission l'aide aux jeunes en difficulté.

Les Directeurs de la Protection de la Jeunesse des Centres Jeunesse sont chargés de prendre les mesures nécessaires pour assurer la protection des enfants dont la sécurité est compromise.

Centre national d'information sur la violence dans la famille, Santé Canada

Tél. 1 800 267-1291

Centre d'aide aux victimes d'actes criminels (CAVAC)

Tél. à Montréal : (514) 277-9860

Internet www.cavac.qc.ca/regions/montreal/accueil.html

• Autres organismes

SOS Violence conjugale

Tél. 1 800 363-9010

à Montréal : (514) 728-0023 (ou 2353)

Internet www.sosviolenceconjugale.ca

KidPower International

KidPower Teenpower FullPower International

Tél. +1 831 426-4407

Aux États-Unis : 1 800 467-6997

Internet www.kidpower.org • E-mail safety@kidpower.org

Livres pour les jeunes

Qui s'y frotte s'y pique ou comment Mimi a appris à dire NON, Marie-France Botte et Pascal Lemaître, Éditions de l'Archipel, Paris 1997.

Excellent petit livre qui aborde avec beaucoup d'humour la prévention de la violence. Dès 4 ans.

Les méchants de la récré, Diane Barbara et Alice Charbin, Éditions du Sorbier, 2002

Aborde le problème du racket chez les petits. Dès 6 ans.

Le petit livre pour dire NON à la maltraitance, Dominique de Saint Mars et Serge Bloch, Bayard Poche/Astrapi, 1998.

Présente avec humour des situations où savoir dire « non » se révèle très utile. Dès 7 ans.

Résiste contre la violence, Bernadette Costa-Prades et Manu Boisteau, Éditions La Découverte et Syros, 1999.

Aborde avec humour des situations qui pourraient finir dans la violence et offre des alternatives. Dès 7 ans.

Dis non !, Bernadette Costa-Prades et Manu Boisteau, Éditions La Découverte et Syros.

Aborde avec humour des situations où il est utile de savoir dire non. Dès 7 ans.

Lili a été suivie, *Jérémy est maltraité* et *Max est racketté*, Dominique de Saint Mars et Serge Bloch, Calligram, 1994.

Lili, Max et Jérémy ont des aventures liées à la violence et à la prévention. Dès 7 ans.

Vivre ensemble la violence, Bayard Éditions, 1999.

Décrit les mécanismes qui mènent à la violence. Propose de petits exercices pratiques de résolution de conflits. Dès 8 ans.

Apprends à dire non !, Marcèle Lamarche, Pol Danheux et Gilles Tibo, Éditions de l'Homme, Québec, 1993.

Livre interactif qui propose des situations où l'enfant doit choisir l'alternative la plus sûre. Dès 8 ans.

J'ai peur du monsieur, Virginie Dumont et Madeleine Brunelet, Actes Sud, 1997.

Plusieurs petites histoires pour aborder le thème de la violence et de la prévention. Dès 9 ans.

Julie n'est pas la seule, Helen Wormser, Walter Wigger et Nadine Schnyder, Verlag für Soziales und Kulturelles, Lucerne 2001.

Très bonne vulgarisation des démarches possibles, en Suisse, après un acte de violence. Dès 11 ans.

Non au racket, Christine Laouéan et Philippe Livache, Éditions de la Martinière Jeunesse, 2002.

Approche complète des mécanismes et des conséquences du racket. Dès 11 ans.

Table des matières

Chapitre VI

Enfants & famille

Pour être des parents acceptables ▸
Bruno BETTELHEIM
Pocket n° 11479

Parce qu'ils veulent le meilleur pour leur enfant, certains parents lui imposent un modèle, plutôt que de l'accompagner sur le chemin de sa propre personnalité. S'appuyant sur des expériences quotidiennes, Bruno Bettelheim vous aide à construire votre relation familiale à votre façon.

◂ **Freud pour les parents**
Jean-Claude LIAUDET
Pocket n° 13208

Dans cette synthèse claire, étayée d'exemples précis, Jean-Claude Liaudet met la psychanalyse freudienne à la portée de tous. Une analyse simple de l'inconscient et de ses modes de fonctionnement pour mieux comprendre vos enfants et mieux les éduquer.

Les enfants face aux écrans ▸
Jacques HENNO
Pocket n° 13324

Le constat est accablant : l'accès aux films X et à la pornographie (par la télévision ou Internet) s'est considérablement facilité ces dernières années… Face aux dérives d'une société abreuvée d'images – où l'érotisation de la violence peut laisser des traces irréversibles –, c'est aux parents de réagir et de protéger leurs enfants. Pour préparer au mieux, sans violence, leur passage à l'âge adulte.

Pour en savoir plus : www.pocket.fr

La méthode simple pour les femmes qui veulent arrêter de fumer
Allen CARR
Pocket n° 12202

Face à l'une des principales appréhensions des femmes voulant arrêter le tabac – prendre du poids –, Allen Carr adapte sa célèbre méthode et démontre qu'il est possible de cesser de fumer sans ressentir de manque ni prendre de kilos superflus !

Guérir
David SERVAN-SCHREIBER
Pocket n° 12199

David Servan-Schreiber nous présente ici sa médecine des émotions – sans médicaments ni psychanalyse : sept méthodes particulièrement efficaces, dont certaines sont entièrement inconnues du public français. Sept voies permettant à chacun de ne plus être un étranger pour soi – ni pour les autres.

La solution intérieure
Thierry JANSSEN
Pocket n° 13062

Relaxation, hypnose, ostéopathie, acupuncture, yoga… Thierry Janssen vous explique quand et pourquoi recourir à l'une ou l'autre de ces pratiques. Il vous apprendra à découvrir et à comprendre l'étonnant pouvoir de guérison que chacun possède en soi.

Pour en savoir plus : www.pocket.fr

Composé par Nord Compo
à Villeneuve-d'Ascq

Impression réalisée sur Presse Offset par

CPI
Brodard & Taupin

48791 – La Flèche (Sarthe), le 04-09-2008
Dépôt légal : septembre 2008

POCKET – 12, avenue d'Italie - 75627 Paris cedex 13

Imprimé en France